AF243465

LES HOMMES

DU

4 SEPTEMBRE

DEVANT

L'ENQUÊTE PARLEMENTAIRE

PAR

Albert ROGAT

PARIS

LACHAUD & BURDIN

Libraires — Editeurs

PLACE DU THÉATRE-FRANÇAIS

1874

LES HOMMES

DU

4 SEPTEMBRE

LES HOMMES

DU

4 SEPTEMBRE

DEVANT

L'ENQUÊTE PARLEMENTAIRE

PAR

ALBERT ROGAT

PARIS

LACHAUD & BURDIN

Libraires — Editeurs

PLACE DU THÉATRE-FRANÇAIS

1874

PARIS. IMPRIMERIE PARISIENNE, J. SOUBIE, IMP. BONNE-NOUVELLE, 5.

PRÉFACE

Ceci est moins et mieux qu'un livre, c'est une utile action pour l'accomplissement de laquelle nous avons fait abnégation de tout amour-propre littéraire, nous étant servi des ciseaux infiniment plus que de la plume. Il nous a paru intéressant de réunir, dans un volume facilement maniable, les faits les plus curieux à la charge des hommes du 4 septembre, faits consignés dans les gros volumes in-4° de la Commission d'enquête parlementaire. La masse du public recule devant le travail d'une lecture longue et souvent fastidieuse et aussi devant le prix élevé de cette collection ; nous avons donc eu l'idée de faire pour lui l'extrait que nous lui soumettons, en ayant bien soin d'indiquer la source de chacune de nos citations, afin d'en rendre la recherche facile ainsi que le contrôle.

Quand on voit défiler ces personnages hétéroclites, pamphlétaires ou révolutionnaires de profession, tous incapables et n'ayant pas tous la

probité privée, — parler de leur probité politique
serait superflu, — on se demande avec stupeur
comment la France a pu si longtemps, — cinq
mois! — supporter ce joug pour le moins aussi
ridicule qu'odieux. On se demande comment des
généraux d'une bravoure éclatante et d'un mérite
incontesté, ont pu se résigner à subir la domina-
tion capricieuse d'aventuriers tels que Crémieux
et Gambetta sortis de la basoche, de M. le comte
de Freycinet ou de M. de Serres quittant une administration de chemin de fer pour s'improviser
stratégistes ou tacticiens. On a peine à comprendre qu'un soldat tel que Bourbaki ait consenti à
exécuter les plans insensés de l'avocat Gambetta,
plans dont l'exécution combinée avec les négociations militaires de l'avocat Jules Favre devaient mener le héros des guerres d'Afrique, de
Crimée et d'Italie à la défaite, au désespoir et
enfin au suicide.

Ce triste phénomène s'explique par le désarroi
universel des esprits devant les désastres fou-
droyants de nos armées et devant la criminelle
révolution faite à Paris par quelques députés de la
gauche, révolution dont le succès fut assuré par
l'indigne trahison dont se rendit coupable le général Trochu.

Et pourtant jamais, à coup sûr, des hommes

portés au pouvoir par une sédition ne se sont montrés, à tous les points de vue, aussi pitoyablement inférieurs à la tâche qu'ils avaient l'audace d'entreprendre, et aux responsabilités dont ils se chargeaient.

La composition de ce que nous ne pouvons appeler qu'une parodie de gouvernement était des plus extraordinaires : les représentants de Paris, qui, au dire de M. Pelletan, représente la France, s'étaient constitués en gouvernement, à l'exclusion de leurs collègues du Corps législatif. Cette douzaine de bons apôtres, — M. Thiers, qui avait tout préparé, s'était tenu prudemment dans la coulisse, — avait décidé en sa sagesse que les élus des clubs de Paris et de l'Internationale étaient, de par le droit républicain, sinon de par le droit divin, naturellement appelés à gouverner la France, sans tenir le moindre compte des droits que leurs collègues tenaient comme eux du suffrage universel.

Il n'a fallu rien moins que l'imbécillité de la bourgeoisie parisienne, fortifiée par la scélératesse naturelle à la populace, pour favoriser, en envahissant le Corps législatif, les projets des douze députés de la Seine qui spéculaient, dans le but d'assouvir leurs convoitises, sur les malheurs de la France.

En effet, la réunion des douze membres du Gouvernement de la Défense nationale, avec le général Trochu à leur tête, présente une collection d'individualités bizarres et aussi des moins honorables. A côté de grotesques tels que Crémieux, Garnier-Pagès et Glais-Bizoin, on trouve des nullités profondes comme Arago, Pelletan et Garnier-Pagès, un faiseur d'épigrammes comme Picard, un cuistre hypocrite comme Jules Simon, un trafiquant en injures comme Rochefort, un fruit sec du barreau et du journalisme comme Ferry, un échappé d'estaminet comme Gambetta, et enfin un faussaire comme Jules Favre. Joignez-y Trochu le parjure et Fourichon, devenu le complaisant et le complice de ces êtres malfaisants, et vous aurez sous les yeux le groupe extravagant et abominable qui durant cinq mois tint la France entre ses mains.

Tandis que la délégation de province, dirigée par Gambetta, bouleversait tout, ruinait tout, violait le suffrage universel, arrachait de leur siége les magistrats inamovibles et conduisait les opérations militaires les plus folles, le tronçon du gouvernement qui avait trouvé ingénieux de se laisser bloquer dans la capitale nous offrait le spectacle, à la fois sinistre et comique, de sa lutte inégale contre la démagogie, de qui les hommes du 4 septembre tenaient leur mandat.

La populace armée par leurs soins avec une touchante sollicitude les inquiétait, avec assez de raison d'ailleurs, infiniment plus que les Allemands. Il sont unanimes, devant la Commission d'enquête, à répéter qu'ils cédaient constamment à la préoccupation de ne pas verser le sang dans Paris. D'un côté, ils se sentaient mal à l'aise pour sévir contre des hommes qui, dans leurs tentatives séditieuses, soit au 31 octobre, soit au 22 janvier, n'avaient certainement pas plus de tort vis-à-vis des hommes du 4 septembre que ceux-ci n'en avaient eu à l'égard de l'Empire, et puis il leur était difficile de se montrer ingrats envers cette démagogie dont ils avaient exploité l'ignorance et les passions. « On ne peut pas, disait l'un d'eux, M. Picard, se montrer bien sévère contre des hommes avec qui on a eu d'étroites relations. » Ajoutez la poltronnerie vraiment épique de ces républicains, et vous comprendrez à quel point, durant le siége, ils furent les dupes de la démagogie, qui eut tout le temps de préparer le 18 mars.

Si peu intelligents qu'ils fussent, aucun d'eux n'a l'excuse de la sincérité, aucun ne partageait les illusions insensées dont ils repaissaient la multitude ; le général Trochu érigeait le découragement en système, et ceux qui, comme M. Jules Favre, lui reprochaient sou. manque de foi, n'avaient pas plus de confiance dans le résultat final de leur absurde entreprise (1).

Le mensonge à outrance était le fond de leur politique; tandis que Gambetta racontait au reste

(1) On écrit de Paris, au *Journal de Bruxelles*, à la date du 11 mai 1874 :

Une affaire scandaleuse pour M. Jules Favre s'est révélée devant le troisième conseil de guerre.

On jugeait un certain Michel, commissaire de police de la Commune, dans le quartier Montmartre. Ce fonctionnaire communard s'était livré à des perquisitions arbitraires, et s'était permis, peut-être à titre de curiosité, une visite au banquier de M. Jules Favre.

Le banquier, auquel on enjoignit de remettre les titres déposés par le ministre du 4 septembre, répondit que tous les titres de son client avaient été envoyés en Angleterre. Or, ces titres, à diverses époques, de 1863 au 12 août 1870, constataient des achats de rentes anglaises, hollandaises et américaines.

Ainsi, pendant que M. Jules Favre et ses amis épuisaient la France d'hommes et d'argent, il mettait toute sa confiance dans les fonds étrangers, afin de soustraire sa fortune à l'atteinte de ses coreligionnaires politiques.

Voilà encore une leçon pour les pauvres diables qui se sont fait tuer pour la république.

Quant à l'accusé Michel, le conseil a sans doute considéré comme une circonstance atténuante d'avoir aidé à la confusion de M. Jules Favre, et il n'a été condamné qu'à trois ans de prison, de la France que les héroïques habitants de Paris détruisaient des quantités prodigieuses d'Allemands, le gouvernement de M. Trochu persuadait aux Parisiens que Gambetta, en frappant du pied la terre, en faisait sortir des légions qui infligeaient aux soldats de l'empereur Guillaume des défaites sans nombre et en même temps *se repliaient en bon ordre.*

C'est que l'unique mobile auquel obéissait le gouvernement républicain, à Tours comme à Paris, était la haine de l'Empire et la crainte d'une restauration impériale ; les hommes du 4 septembre sentaient instinctivement que leur règne durerait autant que la guerre, mais pas plus, et de fait, la république était morte au 8 février 1871, et si les impérialistes n'avaient pas eu à subir la tyrannie quasi jacobine de M. Thiers, et à se défendre contre les intrigues des légitimistes d'abord et ensuite des orléanistes, il y a longtemps que la France eût été nettoyée de la tache républicaine, et que le nom même de cette odieuse forme gouvernementale eût disparu des actes publics qu'elle souille sans droit et sans raison.

On sait ce que nous a coûté l'attachement de M. Trochu et de ses complices à la forme républicaine : une aggravation de tribut à l'ennemi et la perte de deux de nos provinces, dont l'une ne nous a été prise que longtemps après le 4 septembre, puisqu'au mois d'octobre il était, de l'aveu même de M. Thiers, possible à M. Jules Favre, le larmoyant négociateur de Ferrières, de sauver la Lorraine en acceptant l'armistice.

Les hommes du 4 septembre avaient mis à profit leur dictature pour accumuler les calomnies contre le gouvernement qu'ils avaient renversé par trahison. Pour atteindre leur but, ils avaient fouillé dans les cassettes laissées aux Tuileries par la famille impériale; ils avaient publié à grand fracas les résultats de leurs coupables investigations. Cette publication, entreprise par les Claretie, les Halt et autres polissons de lettres aux gages du gouvernement républicain, avait tourné à leur courte honte; ils n'en poursuivaient pas moins leur œuvre diffamatoire. Des caricaturistes bien pensants, tels que le sieur Gill et le sieur Lemot — aujourd'hui au bagne — prêtaient au pouvoir nouveau l'appui de leur grossier crayon; il n'est pas d'obscènes outrages que ces drôles n'aient accumulés contre le gouvernement déchu : l'Empereur était un lâche, il s'était rendu par couardise, et il avait livré son armée aux Allemands. C'est ainsi qu'ils traitaient le souverain qui, simple soldat dans son armée, laissait commettre à Mac-Mahon cette déplorable marche sur Sedan, faute capitale que le glorieux vaincu de Reichshoffen a rachetée d'ailleurs avec noblesse en la confessant publiquement. C'est ainsi qu'ils insultaient l'Empereur qui s'exposa toute la journée aux projectiles de l'ennemi, et qui était resté cinq heures à cheval malgré d'atroces souffrances, aggravant ainsi la terrible maladie qui l'emportait à deux ans de là.

L'Impératrice n'était pas plus épargnée par ces misérables; ils oubliaient les prodiges de son inépuisable charité, et ils voulaient ignorer l'abnégation dont elle avait fait preuve dans les derniers temps de l'Empire et le patriotisme qu'elle avait déployé après sa chute, à tel point que la délégation de Tours s'était crue obligée de lui faire parvenir ses remercîments par l'ambassadeur de France à Londres.

Le Prince impérial était également en butte à leurs traits cyniques. Ainsi, ni le malheur, ni l'exil, ni l'enfance n'avaient trouvé grâce devant eux.

Mais peu à peu la lumière s'est faite, les calomnies ont été victorieusement réfutées, et la verité a percé; l'enquête parlementaire sur les actes du Gouvernement de la Défense nationale a eu une grande part à ce résultat; les journaux en publiaient d'importants fragments, et, quoique dans une mesure insuffisante, le public était mis à même d'apprécier les hommes qui avaient renversé l'Empire.

Ce n'est pas que cette enquête fût dirigée impartialement. Les élections du 8 février, faites dans des conditions si particulières, avaient envoyé à l'Assemblée un nombre de légitimistes et d'orléanistes absolument disproportionné avec celui des partisans du comte de Chambord et du comte de Paris qui existent dans le pays. Cette commission d'enquête fut donc composée en majeure partie d'orléanistes, comme son président, M. de Saint-Marc-Girardin; de légitimistes, comme M. le comte de Juigné, et d'une minorité de républicains, comme M. Albert Grévy. Cette commission se trouvait donc gênée vis-à-vis des hommes du 4 septembre en raison de la haine qu'elle partageait avec eux contre l'Empire. Quoi qu'il en soit, les résultats de cette enquête sont des plus intéressants, peut-être même vaut-il mieux que les bonapartistes y aient été étrangers. L'apologie de l'Empire qui résulte de cette enquête en reçoit plus de valeur, les esprits les plus prévenus ne pouvant y voir la rancune d'un vaincu dans les flétrissures que la commission inflige à diverses reprises aux hommes du 4 septembre.

C'est donc une espèce d'anthologie que nous avons présentée au public. Nous avons recueilli, mis en lumière des perles enfouies dans le fatras de ces six gros volumes. C'est M. Crémieux, s'écriant dans un comique accès de désespoir : « Allons, bon! voilà l'armée qui va retomber entre les mains des militaires! » Cet esprit judicieux eût voulu la garder aux mains des avocats. C'est M. Gambetta, disant, à la nouvelle d'un échec éprouvé par le général d'Aurelle de Paladines : « Je lui avais pourtant donné l'ordre de se porter en avant et de vaincre. » C'est M. Ferry, à qui la Commission reproche d'avoir fait manger de l'avoine aux hommes tandis que les chevaux mangeaient du blé, qui explique froidement que cela revient au même, puisque quand les hommes mangeaient de l'avoine, ils ne consommaient pas de blé.

Nous avons dû nous borner, c'est pourquoi nous avons dû laisser de côté les rapports sur les marchés; c'est le chapitre des vols et des rapines de toutes sortes commis par les républicains; il est, comme on pense, fort gros, et nous avons reculé devant un travail si considérable qui pourra tenter quelque autre. Notre travail a pour base uniquement les quatre volumes des dépositions des témoins, le rapport de M. le comte Daru sur les actes du Gouvernement de la Défense nationale, le rapport de M. Chaper sur le même Gouvernement considéré au point de vue des opéra-

tions militaires, et enfin quelques notes emprun-
tées au rapport de M. de Sugny.

Nous avons dû négliger des dépositions insi-
gnifiantes comme celle de M. Farcy, inventeur
d'une canonnière merveilleuse qui, à l'instar du
bateau de la chanson, n'avait qu'un défaut,

C'était d'aller au fond de l'eau.

M. Farcy s'est fait une longue réclame personnelle qui ne présente aucun intérêt pour le
public. D'autres dépositions sont absolument ré-
duites, comme celle du sieur Corbon venant
expliquer à la Commission que cinq polices fonc-
tionnaient sous l'Empire.

Au milieu de ces dépositions de provenances si
diverses, nous recommandons au lecteur celles
qu'on a obtenues des principaux auteurs du 4 septembre. On y trouvera leur propre jugement et
leur propre condamnation.

COMMISSION D'ENQUÊTE

Sur les Actes du Gouvernement de la Défense nationale.

————··∞··————

Président :   M. Saint-Marc Girardin.

Vice-Président :   M. le comte Daru.

Secrétaires :   { M. de Rainneville.

               { M. Lefèvre-Pontalis.

MM. Perrot,

      Boreau-Lajanadie,

      De Pioger,

      De la Sicotière,

      Général d'Aurelle de Paladines,

      De Sugny,

      Comte de Rességuier,

      Dezanneau,

      Vicomte de Rodez-Bénavent,

      Grévy (Albert),

      Comte Duchatel,

      Berthauld,

      Delsol,

      Comte de Juigné,

Comte DE DURFORT DE CIVRAC,

MALLEVERGNEN,

Baron DE VINOLS,

LALLIÉ,

BARDOUX,

MAURICE,

CHAPER,

VINAY,

Comte DE BOIS-BOISSEL,

Comte DE MAILLÉ,

DE LA BORDERIE,

CALLET.

Une des prétentions des hommes du 4 septembre, c'est d'avoir en quelque sorte été surpris par la révolution, et d'avoir été comme malgré eux portés au pouvoir. Nous allons voir ce que vaut cette allégation.

Un témoin nous fait le tableau des honteuses convoitises auxquelles obéissaient ces hommes.

Lorsque nous demandions à réparer nos désastres, lorsque nous demandions à prendre des revanches, il y avait des hommes qui espéraient les désastres de leur pays, qui les épiaient, qui les guettaient pour s'emparer d'un pouvoir qu'ils convoitaient depuis longtemps. (T. I, *dép. Jérôme David*, p. 449.)

M. de Kératry a déclaré qu'il était venu à Paris pendant

la dernière session avec l'intention de renverser l'Empire et de proclamer la République. (T. I, *dép. Jérôme David*, p. 155.)

M. Garnier-Pagès en convient : certains meneurs dont il prétend avoir repoussé les propositions lui offraient le pouvoir, à lui et à ses collègues de la gauche :

Quand l'armée a quitté Paris, des faubourgs on venait nous dire : Il n'y a plus de force, il n'y a plus de *troupes* ; nous allons vous donner le pouvoir. Eh bien, j'ai résisté, avec mes collègues, presque avec colère. Et ce n'étaient pas des agents provocateurs, ceux qui venaient nous faire ces propositions, c'étaient des gens sérieux, je pourrais les nommer. (T. I, *dép. Garnier-Pagès*, p. 441.)

De l'aveu de M. de Kératry — nous reviendrons sur ces faits en nous occupant de ce personnage — le 3 septembre, les députés de la gauche avaient tenu des conciliabules pour préparer un mouvement. Ils avaient offert à cette date le portefeuille de la guerre à M. Le Flô, qui a reconnu ce fait.

Il y avait des sections insurrectionnelles tout organisées, M. Glais-Bizoin en reconnaît l'existence :

Quant aux sections dont M. le comte Daru vient de parler, nous n'avons jamais eu de rapports avec elles. Nous savions bien qu'il y avait des sections, qu'elles avaient été organisées, mais nous étions restés absolument étrangers à leur organisation. (T. I, *dép. Glais-Bizoin*, p. 610.)

M. Jules Simon se défend mollement contre l'accusation d'avoir trempé dans l'acte révolutionnaire du 4 septembre.

M. LE COMTE DARU. . . . .
J'ai une autre question à vous adresser. C'est dans votre intérêt que je me permets de vous l'adresser. Il a été dit que vous aviez reçu une lettre du maire ou du secrétaire de la mairie de Neuilly, si je ne me trompe, qui aurait été communiquée à un de nos collègues. Dans cette lettre, on vous écrivait : « Demain, à deux heures, avec mes gardes nationaux, je serai sur la place de la Concorde. »

M. JULES SIMON. — Je ne comprends guère que vous parliez ici de mon intérêt; je ne puis avoir d'autre intérêt que celui de la vérité. Quant au fait dont vous me parlez, je n'en ai aucun souvenir. Qui est-ce qui était maire de Neuilly ?

M. LE COMTE DARU. — Je ne le sais pas. Mais ce fait est allégué par plusieurs anciens députés.

M. JULES SIMON. — Je ne crois pas avoir reçu cette lettre. En tout cas, je n'en ai aucun souvenir.

M. LE COMTE DARU. — Un autre fait qui vous concerne et que j'extrais d'une déposition. Un homme vous aurait prévenu que l'ordre aurait été donné de se rendre, à deux heures, place de la Concorde, pour faire une manifestation.

M. Jules Simon. — Il est bien clair que, puisque cette manifestation a eu lieu, un mot d'ordre avait été donné. (T. I, *dép. Jules Simon*, p. 493.)

Et quelques instants après, M. Jules Simon a pu dire, sans rire, mais non sans provoquer une douce hilarité dans l'auditoire : « On peut aujourd'hui, moins que jamais, se fier aux assertions humaines, tant l'audace du mensonge s'est accrue ! »

D'ailleurs, un des membres de la commission, M. le comte Daru, constate que le 3 septembre M. Jules Simon, remerciant des individus qui lui faisaient cortége, leur a donné rendez-vous pour le lendemain au Corps législatif.

M. le comte Daru. — Encore un autre détail. Il a été dit devant la Commission que, après la séance de nuit, à deux heures du matin, la foule a reconduit, en les applaudissant et avec des cris d'enthousiasme, un certain nombre de députés, ayant alors la faveur populaire. M. Favre, M. Thiers, reconnus sur la place de la Concorde, furent salués par les acclamations populaires. Vous aussi, vous avez été reconduit jusqu'à la porte de votre domicile, qui est, si je ne me trompe, rue de la Madeleine. Il a été dit par un de nos collègues que, arrivé chez vous, vous avez remercié la foule et que vous lui avez donné rendez-vous à la Chambre, pour le lendemain, à midi. (T. I, *dép. Jules Simon*, p. 493.)

M. Étienne Arago, maire de Paris par la grâce de son frère Emmanuel, est plus explicite, il avoue en ces termes :

Le 4 septembre, j'étais au Corps législatif, dans la tribune des anciens représentants, et, je l'avoue, soit à l'intérieur, soit par mes rapports avec l'extérieur, j'ai poussé autant que possible à l'insurrection contre le Gouvernement de décembre.

. . . .

M. LE PRÉSIDENT. — Vous étiez le 4 septembre dans la tribune des anciens représentants, et vous dites que vous excitiez vous-même au mouvement ?

M. ÉTIENNE ARAGO. — J'ai agi comme je faisais les autres jours, soit dans la cour, devant le pont, soit dans la tribune ; je cherchais, autant que possible, à amener le mouvement.

. . . .
. . . .

Du reste, je ne crains pas de le dire, mon action n'était pas législative, c'était une action insurrectionnelle, contre un gouvernement né d'une insurrection. (T. I, *dép. E. Arago*, p. 532.)

L'envahissement du Corps législatif était une affaire si bien convenue, que M. Hébert, l'un des questeurs, reçut une étrange requête :

Je reçus, à huit ou neuf heures du matin, une lettre d'un monsieur qui me demandait deux billets pour sa femme et sa fille, qui désiraient assister à l'envahissement de la Chambre. (T. II, *dép. Hébert*, p. 151.)

M. Gambetta avait donné à ses complices les indications les plus précises.

La veille, il y avait eu la manifestation du soir ; le fait
de venir relancer les députés jusqu'à la Chambre, la foule
qui se retirait sur l'avis donné par M. Gambetta « que
l'affaire était ajournée au lendemain, et que l'Empereur
était prisonnier à Sedan, » cet avis qui se répandait partout était significatif. (T. II, *dép. Bellanger*, p. 157.)

Enfin, l'ensemble des faits suggère les réflexions suivantes à l'honorable rapporteur de la commission :

L'intention des meneurs ne s'accusait-elle pas encore
d'une manière évidente, quand, dans un journal, *le Siècle*,
on remarquait imprimées en petits caractères et comme
glissées au moment du tirage, les lignes suivantes :
« Rendez-vous est pris par des milliers de gardes nationaux pour se rendre, sans armes, à deux heures,
devant le Corps législatif. »
C'était marquer le point de ralliement à la foule !
Peut-on soutenir que l'on n'avait aucune pensée de révolution, quand, après la séance de nuit et dans de pareilles
circonstances, on organisait une manifestation pour le
lendemain, quand on envoyait des émissaires dans les
faubourgs pour faire fermer les ateliers et pour convoquer
à domicile les ouvriers ? (*Rapport Daru*, p. 26.)

Parmi les députés qui ont favorisé l'envahissement de
l'Assemblée, on remarque M. Steenackers, ainsi qu'il résulte de la déposition du gardien Gervais.

M. Gervais. — Cependant je tenais toujours la grille
fermée. Alors est arrivé M. Steenackers. A sa vue, les

gardes nationaux se sont dit : « Nous allons entrer. »
En effet, la grille s'est ouverte pour laisser entrer plusieurs
députés ; ils en ont profité pour pénétrer. Mais j'ai pu
encore mettre, comme condition à leur entrée, qu'ils dé-
poseraient leurs armes, ce qu'ils ont fait.

M. LE PRÉSIDENT. — Ainsi, M. Steenackers a fait,
selon vous, ouvrir la grille aux gardes nationaux sans
armes, c'est-à-dire qu'il a profité de son influence pour
faire forcer la consigne, qui était de ne laisser entrer personne ?

M. GERVAIS. — C'est cela, monsieur le président.
(T. II, *dép. Gervais*, p. 166.)

M. de Kératry se vante d'avoir, la Chambre une fois
envahie, proclamé dans la salle des pas perdus la
déchéance de la famille impériale et les noms des membres du gouvernement provisoire (t. I, *dép. Kératry*,
p. 649) ; mais, en cette circonstance comme dans beaucoup d'autres, il n'a pas dit la vérité : la honte de cette abominable action, M. le comte Daru l'a constaté, revient à
M. Gambetta :

Au milieu de cette scène de confusion et de désordre,
M. Gambetta reparaît à la tribune. Il obtient un moment
de silence et fait la déclaration suivante :

« Attendu que la patrie est en danger ;

« Attendu que tout le temps nécessaire a été donné à
l'Assemblée nationale pour prononcer la déchéance ;

« Attendu que nous sommes et que nous constituons le
pouvoir régulier, issu du su   ge universel et libre ;

« Nous déclarons que Louis-Napoléon Bonaparte et sa dynastie ont à jamais cessé de régner sur la France. »

(Bruyante et longue acclamation.) *La République! nous voulons la République!*

Le tumulte, dit le rédacteur du compte rendu, est indescriptible. (*Rapport Daru*, p. 36.)

Les députés de la Seine s'étaient, selon la tradition révolutionnaire, rendus à l'Hôtel de Ville. Ils s'entendirent pour accaparer l'autorité, mais ils s'adjoignirent MM. Picard et Simon, qui, nommés tous deux à Paris, avaient tous deux opté pour la province, et le général Trochu, qui ne faisait point partie du Corps législatif. M. Gambetta, qui s'était emparé du ministère de l'intérieur, ignorait cette adjonction, comme le prouve la dépêche suivante, adressée par lui aux fonctionnaires de divers ordres, et dans laquelle ne figure pas le nom de M. Trochu :

A MM. les Préfets, Sous-Préfets, Généraux, Gouverneur général de l'Algérie

ET A TOUTES LES STATIONS TÉLÉGRAPHIQUES DE FRANCE.

RÉPUBLIQUE FRANÇAISE

Ministère de l'intérieur

La déchéance a été prononcée au Corps législatif.

La République a été proclamée à l'Hôtel de Ville.

Un gouvernement de défense nationale, composé de onze membres, tous députés de Paris, a été constitué et ratifié par l'acclamation populaire.

Les noms sont :

> ARAGO (Emmanuel),
> CRÉMIEUX,
> FAVRE (Jules),
> FERRY (Jules),
> GAMBETTA,
> GARNIER-PAGÈS,
> GLAIS-BIZOIN,
> PELLETAN,
> PICARD,
> ROCHEFORT,
> SIMON (Jules).

Le général Trochu est maintenu dans ses pouvoirs de gouverneur de Paris et nommé ministre de la guerre, en remplacement du général Palikao.

Veuillez faire afficher immédiatement et au besoin proclamer par crieur public la présente déclaration.

Pour le Gouvernement de la Défense nationale :

LE MINISTRE DE L'INTÉRIEUR,

LÉON GAMBETTA.

Paris, ce 4 septembre 1870,— 6 h. du soir.

Ils se jetèrent sur les places avec une avidité véritablement scandaleuse. A cette curée chacun tira son lopin. A l'un la préfecture de police, à l'autre les postes. Pour sa part, M. Steenackers se fit donner les télégraphes. Il eût pu tout aussi bien demander les tabacs, ou la direction de l'enseignement primaire : sa compétence eût été égale.

Le soir de ce même jour, les membres du Gouvernement de la Défense nationale m'ont demandé si je voulais prendre la direction des lignes télégraphiques.

Quoique un peu effrayé du poids qui m'incombait dans ces circonstances difficiles, je ne crus pas pouvoir refuser.

Ma nomination fut signée à une heure du matin, et, possesseur du décret, je me suis rendu au siége de l'administration vers deux ou trois heures du matin. Je fis réveiller M. de Vougy, et, lui donnant communication du décret, je le priai de me conduire à son cabinet, *afin de m'installer de suite.* (T. II, *dép. Steenackers*, p. 78.)

Un des témoignages les plus intéressants sur l'avidité des républicains est celui de M. Anselme Pétetin, directeur de l'Imprimerie impériale.

M. Pétetin. — Je revins à l'imprimerie. C'est à ce moment que s'y montra M. Marion, alors député de l'Isère et mon collègue au Conseil général de ce département. Il me présenta un quart de feuille de papier portant :

« Le citoyen Marion se rendra à l'Imprimerie nationale et en prendra possession au nom de la République.

« Jules Favre. »

Je déclarai à M. Marion que mon plus vif désir était de quitter l'imprimerie le plus tôt possible, mais que ce qu'il me présentait comme une nomination n'avait aucun caractère qui m'autorisât à lui céder mes fonctions, avec toutes les responsabilités qui y étaient attachées, notamment celle d'une caisse publique et d'approvisionnements et dépôts de grande valeur et de plusieurs natures.

Je lui expliquai alors, en gros, les rapports de cet établissement avec le Corps législatif, avec le souverain, avec les ministres et avec la Cour des comptes.

« Je ne m'en vais pas pourtant : je reste, me dit M. Marion.

« — Je me garderais bien, lui répliquai-je, d'être discourtois envers un compatriote et un collègue. Restez tant qu'il vous conviendra ; je vais vous faire apporter une table et un fauteuil ; mais ne donnez pas d'ordres dans l'imprimerie, vous ne seriez pas obéi. »

Cette explication se terminait quand arriva M. Mahias, porteur d'un autre petit papier conçu absolument dans les mêmes termes que celui de M. Marion : « Le citoyen Mahias se rendra à l'imprimerie et en prendra possession, etc. — Signé : *Étienne Arago*. »

Je commençais à donner à M. Mahias les mêmes explications qu'à M. Marion, quand survint M. Floquet.

M. de Rainneville. — Il venait aussi prendre possession de l'imprimerie ?

M. Anselme Pétetin. — Oui, monsieur, et il me présenta aussi un troisième petit papier, conçu à peu près dans les mêmes termes que les deux premiers, portant aussi sa nomination à la direction de l'imprimerie. Je ne me rappelle plus par qui celui-ci était signé. J'ai laissé toutes ces pièces comme appartenant à l'administration et devant rester dans les bureaux.

Je réitérai à ces trois messieurs mon très-vif désir de quitter sans retard mes fonctions et, par conséquent, de trouver un successeur.

« Veuillez, leur dis-je, comprendre ma situation. Je suis un dépositaire et un fonctionnaire : je ne puis m'en aller sans être relevé d'une façon qui couvre ma responsabilité et qui ait quelque apparence de droit. Or, quel est votre droit ?

« — Le droit révolutionnaire, me répondit l'un d'eux.

« — Je connais cela, dis-je, c'est le droit de la force ; c'est, en ce moment, le droit de M. de Bismarck. Je n'ai malheureusement aucun argument à y opposer. J'avais six pompiers et six sergents de ville, je ne les ai même plus ; si donc votre droit est la force, il faut simplement l'exercer, constater qu'il est ce qu'il est. Voulez-vous me signer un procès-verbal d'expulsion par la force? Je vais faire appeler quelques hommes de l'imprimerie, comme témoins, et tout sera fini promptement.

« — Nous ne voulons rien signer du tout, répondirent-ils.

« — Alors, repris-je, tâchez de vous mettre en règle. Vous voilà trois : or, le directeur de l'imprimerie est ordonnateur des dépenses; il a un budget spécial, voté à part, dont il rend compte directement à la Cour des comptes. C'est une responsabilité essentiellement personnelle et individuelle. Comment ferez-vous à vous trois?

« — Oh ! soyez tranquille, dirent-ils, nous nous arrangérons bien entre nous.

« — Entre vous, je n'en doute pas, mais vis-à-vis de la Cour des comptes ?

« — Eh bien ! reprirent deux d'entre eux, nous allons à l'Hôtel de Ville chercher des instructions! »

M. Marion seul resta. (T. II, *dép. Peletin*, p. 192.)

Au point de vue de la défense, la révolution eut des effets déplorables.

Nous ne serons pas, je l'espère, accusés de calomnie, si nous disons que le mot République éveille en France, dans la majorité des citoyens, l'idée de droits à exercer plutôt que celle de devoirs à remplir, et nous ne surprendrons personne, en constatant que les ateliers de terrassement et de travaux de tout genre, établis pour la défense de Paris, et qui étaient en pleine activité le 3 septembre, furent en partie dépeuplés le 5 et les jours suivants. Les ouvriers les avaient quittés, en disant : — Nous sommes en République aujourd'hui, c'est à nous de commander et non plus de servir. — Pendant bien des jours, les manifestations à l'Hôtel de Ville, les processions à la statue de Strasbourg, et surtout le cabaret, occupèrent une grande partie de la population qui travaillait auparavant aux remparts et aux fortifications extérieures. (*Rapport Chaper*, p. 37.)

Les mêmes inconvénients se produisirent au point de vue des approvisionnements.

Nous devons seulement constater que, dès le 4 septembre, Paris renfermait en farines, blés, viande fraîche, liquide et denrées de toute espèce, des approvisionnements considérables, et nous croyons que la révolution du 4 septembre a plutôt ralenti qu'accéléré cette importation ; des marchandises de toute nature, destinées à Paris, existaient encore dans nos principales places de commerce, et leur transport a été interrompu et entravé par le désordre résultant des événements politiques ; des entreprises en voie d'exécution ont été arrêtées. (*Rapport Chaper*, p. 25.)

Cette constatation est encore corroborée par l'aveu d'une des créatures du 4 septembre, M. Magnin, ministre du commerce :

Les animaux vivants ont tous été amenés sous l'administration de M. Clément Duvernois. Je dis tous, parce que *ce qui a été amené sous mon administration a été minime :* c'est à lui, je le reconnais très-loyalement, que revient l'honneur, si honneur il y a, d'avoir approvisionné Paris en animaux. (T. I, *dép. Magnin*, p. 512.)

Considérés comme des criminels par les honnêtes gens, les hommes du 4 septembre ont donné même aux scélérats de la Commune le droit de les juger. Ceux-ci, comme on va voir, ne s'en sont pas fait faute, et on doit convenir que leur argumentation est accablante.

M. Malon, dans son ouvrage intitulé : *La troisième défaite du prolétariat français*, rend compte d'une entrevue que M. Tirard eut avec M. J. Favre, le 18 mars, entrevue dans laquelle M. J. Favre déclara qu'il ne pouvait traiter avec l'émeute et faire des concessions aux assassins des généraux Lecomte et Clément Thomas ; et M. Malon s'écrie :

« Ne serait-ce pas risible, si ce n'était pas si triste, de voir les hommes du 4 septembre, que quelques milliers de citoyens affolés ont conduits, dans un moment de surprise, à l'Hôtel de Ville, appeler émeute une révolution dans Paris, et se refuser à tous pourparlers avec elle! Une telle prétention, affichée dans une ville bouleversée depuis quatre-vingts ans, est le comble de l'outrecuidance.» (P. 95). — (*Rapport Daru*, p. 73.)

Dans une lettre écrite à ses électeurs pendant l'armistice, le fameux Millière, essayant de justifier la journée du 31 octobre, disait :

« De là le mouvement qui venait de les renverser et qui constituait un pouvoir aussi légitime que celui qu'ils avaient dû à la même cause. » (*Rapport Daru*, p. 225.)

L'honorable M. Chaper porte sur les hommes du 4 septembre ce jugement, trop adouci dans la forme, mais au fond très-sévère :

Malheureusement leurs aptitudes et leurs talents n'étaient pas les plus appropriés aux tristes conjonctures où nous nous trouvions. Les membres du Gouvernement de la Défense nationale étaient tous des orateurs, des écrivains, des journalistes, alors qu'il aurait fallu des organisateurs et des administrateurs. Passés maîtres dans l'art d'attaquer, d'ébranler, de renverser, ils allaient avoir, — ce qui exige des qualités différentes, — à défendre, à réparer, à fonder, et cela dans les circonstances les plus critiques. (*Rapport Chaper*, p. 31.)

A partir de ce moment, nous classerons les renseignements que nous avons recueillis dans l'enquête sous les noms pris en particulier des douze membres du nouveau gouvernement. A tout seigneur tout honneur, nous commencerons par le général Trochu, président du Gouvernement de la Défense nationale.

LE GÉNÉRAL TROCHU

Fait général de brigade à trente-neuf ans, général de division à quarante-trois, grand officier de la Légion d'honneur, M. Trochu croyait avoir à se plaindre de l'Empire, et il faisait une opposition de salon qu'on eut le tort de dédaigner. Son esprit frondeur et son attitude séditieuse lui avaient naturellement concilié les sympathies des députés de la gauche, très-heureux d'avoir un général sur qui compter à un moment donné.

Le rôle facile de critique à outrance que s'était donné le général Trochu et la bonne opinion de ses mérites militaires, qu'il étalait complaisamment, lui avaient valu dans le public une réputation qu'il ne soutint guère une fois à l'œuvre, mais qui contribua à le porter aux postes qu'il ambitionnait.

Peu de temps avant le 4 septembre, des députés conservateurs, cédant au préjugé de cette réputation malheureusement peu justifiée, demandèrent à l'Impératrice de confier au général Trochu le portefeuille de la guerre. M. Josseau raconte comme il suit son entrevue avec l'Impératrice :

Notre seconde proposition était la nomination du général Trochu au ministère de la guerre. Sur ce point, l'Impératrice nous déclara qu'elle en avait eu la pensée et qu'elle avait fait faire cette offre au général, mais qu'il l'avait refusée, ou du moins qu'il avait mis à son acceptation une condition absolument inacceptable. Quelle était cette condition? C'était d'être autorisé, en montant pour la première fois à la tribune, à dévoiler toutes les fautes commises. « Eh quoi! s'écria l'Impératrice avec émotion, faire connaître nos fautes, révéler nos discordes à l'ennemi qui est à nos portes! Une telle condition est-elle acceptable? J'en fais juge chacun de vous! » Et chacun de nous, interpellé séparément, tomba d'accord que, dans les circonstances graves où se trouvait le pays, un semblable langage eût été plein de périls. (T. IV, *dép. Josseau*, p. 334.)

Cependant à ce moment le général montrait en paroles, pour l'Empire et pour la famille impériale, un dévouement qui faisait tomber les plus légitimes défiances.

Un matin, il vint me trouver avec son chef d'état-major, le général Schmitz, et il me fit un exposé de principes très-clair, très-explicite, concernant son désir d'être employé pour la défense du pays et aussi de donner la preuve de son attachement à la dynastie. (T. I, *dép. Jérôme David*, p. 150.)

Quànd il se rendit à Châlons pour extorquer à l'Empereur sa nomination de gouverneur de Paris, il protesta de son dévouement en termes chaleureux :

Il exposa à l'Empereur qu'il avait eu tort de ne pas avoir en lui confiance entière. Il l'assura de son dévouement, lui promettant que s'il était envoyé à Paris comme gouverneur, il agirait de manière à lui en donner des preuves certaines. (T. I, *dép. Mac-Mahon*, p. 28.)

M. Rouher confirme ce témoignage. Le général disait à l'Empereur :

« Si vous me nommez gouverneur, dit le général, je réponds que vous pourrez y rentrer (à Paris); ceux qui vous disent le contraire vous trompent. Si vous me nommez gouverneur de Paris, je me fais fort que votre situation dans Paris sera parfaitement assurée. » L'Empereur a accédé à ce désir, poussé par le prince Napoléon. (T. I, *dép. Rouher*, p. 245.)

Les plus clairvoyants continuaient à tenir le général Trochu en suspicion.

Je me souviens qu'il y a eu alors au conseil une séance très-vive où j'ai personnellement demandé au général Trochu si, oui ou non, il était décidé à défendre l'ordre et à employer au besoin la force matérielle. Je faisais allusion aux *forces morales* dont il avait parlé dans une lettre récente. — « Oui, me répondit-il; mais vous me parlez sans cesse de l'Empereur, de la dynastie, et vous

n'osez plus prononcer le nom de l'Empereur à la tribune :
moi, je l'avais mis dans ma proclamation et je ne l'ai re-
tranché qu'à cause de l'Impératrice. » Je tenais à obtenir
une déclaration formelle, j'insistais, *et c'est alors que le
général promit de se faire tuer sur les marches du
trône, si les Tuileries étaient envahies.* (T. I, *dép. Duvernois*, p. 227.)

Le général avait eu soin de ramener, pour s'en faire une
garde prétorïenne, les mobiles de Paris, qu'on avait éloignés
de la capitale par crainte de leur indiscipline.

M. le général Trochu a été nommé sur sa demande personnelle par l'Empereur, et sachant très-bien que le
ministère responsable avait refusé de le nommer; il est
revenu à Paris à la tête de troupes indisciplinées qui
avaient été éloignées de Paris dans un intérêt militaire et
dans un intérêt politique; il le savait. (T. I, *dép. Duvernois*, p. 219.)

Cependant le général continuait à prodiguer les assu-
rances de son dévouement.

M. le général Trochu dit à M. David, en parlant de
l'Impératrice et de ses dernières paroles: « Cette femme
est admirable, c'est une Romaine; je suis très-impres-
sionné de sa tenue, de sa conduite; elle a tout mon
dévouement.

« — Puis-je aller lui répéter vos paroles? » lui dit M. David. « — Certainement, » répondit le général. (T. I, *dép.
Brame*, p. 204.)

Puis, entrant dans un ordre d'idées plus pratiques, le « Breton catholique et soldat » fixe son traitement.

Le général Trochu resta pendant tout le temps du conseil, nous exposa sa situation personnelle, nous parla de l'appréciation qu'il faisait de son rôle, nous dit qu'il fixerait son traitement à telle somme, etc.; il était inutile d'entrer dans tous ces détails. Il nous parla de sa paternité adoptive, des charges nombreuses qui pesaient sur lui et du dévouement qu'il apporterait à ses fonctions. (T. I, *dép. Rouher*, p. 245.)

Son manque de judiciaire, même dans sa spécialité, ne tarda pas à se faire jour.

Un jour, le général venait au conseil et nous racontait qu'il avait passé une soirée avec le sergent Boichot, et qu'il avait étudié avec lui un système de barricades très-simple; il nous disait qu'il ne fallait pas faire seulement du Sébastopol, mais du Saragosse, et que le sergent Boichot dirigerait la construction des barricades. Une autre fois, il avait vu un ancien officier de l'armée qui avait proposé d'organiser tous les repris de justice en un petit corps de troupes, afin, disait-on, d'employer pour la défense toutes les forces possibles. Il y avait donc, en dehors de la longueur des discours que le général prononçait au conseil, tout ce qu'il fallait pour qu'on n'eût pas grande confiance en lui. (T. I, *dép. Duvernois*, p. 220.)

Dès les débuts, il érigeait le découragement en système.

Le moral du général Trochu était bien inférieur à son

esprit d'intrigue ; il était extrêmement découragé et décourageant ; il apportait au Comité de défense un tel affaissement que nous eûmes un jour le spectacle d'une scène qui ne sortira jamais de ma mémoire. C'était peu de jours avant le 4 septembre. Le général Trochu arriva au Comité, et nous tint comme d'ordinaire un langage désespérant. Lui, chargé de la défense, il la déclarait impossible ! Un officier général se trouvait parmi nous ; il ne put pas y tenir, il se leva et dit : « Mon général, tenez ! il faut que je vous dise une chose que j'ai sur le cœur. Quand je viens ici, je suis un brave soldat. Je ne suis plus jeune, mais je suis confiant dans les éléments de résistance qu'une nation comme la nôtre peut opposer à l'ennemi. Si je vois une difficulté, je cherche à la surmonter ; si je rencontre une objection, je cherche à la résoudre ; je crois avoir une âme bien trempée. Mais quand je vous ai écouté pendant un quart d'heure, il faut bien le dire, je ne vaux plus rien. En vérité, vous êtes président non d'un comité de défense, mais d'un comité de défaillance. » (T. I, *dép. Jérôme David*, p. 156.)

Le général Trochu avait trouvé un digne collaborateur dans le général Schmitz, son chef d'état-major, qui s'est fait durant le siége une si triste réputation. Il pratiquait, comme le général Trochu, le découragement systématique.

Le général de Bernis s'expliqua sur la nécessité de faire des fortifications.

« C'est inutile, dit le général Schmitz, car nous ne pouvons pas nous défendre, *nous sommes decidés à ne pas nous défendre.* (T. II, *dép. de Larcinty*, p. 313.)

Le 3 septembre, le général Trochu tenait à la foule
ameutée par des meneurs qui promenaient un soi-disant
blessé, victime des prétendues brutalités de la police, un langage significatif.

Arrivés dans la cour, les insurgés demandèrent à lui
parler. Ils se plaignirent avec violence de ce qu'ils appe-
laient les brutalités de la police, et ils voulurent qu'on
leur rendît justice. M. le gouverneur les harangua ; il
promit que la brutalité des agents cesserait, et il ajouta :
*Allez, le peuple sera bientôt armé, et il fera sa police
lui-même.* M. le général Trochu a contesté ces paroles
devant la cour d'assises. Il a prétendu qu'elles ne m'é-
taient parvenues que par des rapports de police. Je ne
pouvais, en effet, les connaître autrement. Mais quel intérêt pouvaient avoir les agents à prêter à M. le général Trochu des paroles qu'il n'aurait pas prononcées ? M. le
secrétaire général de la préfecture, que j'ai consulté avant
d'aller déposer devant la cour d'assises, les a pleinement
confirmées par une lettre que je pourrais communiquer à
la commission. (T. I, *dép. Piétri*, p. 254.)

L'honorable rapporteur de la commission constate que dans
la journée du 4 septembre, le général Trochu *se désinté-
ressa de la défense et ne crut pas devoir porter au secours du gouvernement, quand il fut menacé, l'appui et
l'influence considérable alors de son épée et de son nom.*
M. le comte Daru continue en ces termes :

Il attendit les événements. Dans la matinée du 4 septembre il se rendit chez l'Impératrice, avec laquelle il eut
un entretien de quelques instants ; puis il revint au

Louvre. Il savait, par les rapports que le préfet de police déclare lui avoir remis, les préparatifs de la manifestation projetée; il pouvait, des fenêtres de son palais, voir le mouvement de la foule se portant sur l'Assemblée, et il restait dans l'inaction. Il ne se décida à en sortir que sur les vives instances d'un des questeurs de la Chambre (M. le général Lebreton), mais il était trop tard. Il monta à cheval, envoya son chef d'état-major, M. le général Schmitz, auprès de l'Impératrice et partit pour défendre le Corps législatif. Arrivé sur le quai, à la hauteur du pont Solférino, il rencontra la foule, qui, du palais Bourbon, refluait sur l'Hôtel de Ville, et à la tête de cette foule, M. J. Favre, de la bouche duquel il apprit l'envahissement de la Chambre. Il était alors environ trois heures.

Sur l'invitation de M. J. Favre, le gouverneur rétrograda et rentra au Louvre. Il ignorait alors que s'il avait poursuivi sa route jusqu'au palais de la présidence, il y aurait trouvé deux cents députés réunis, auxquels la force et non la résolution manquait pour essayer d'agir. (*Rapport Daru*, p. 47.)

Nous avons, sur la coupable inaction du général Trochu, le témoignage de M. Chevreau, alors ministre de l'intérieur :

Quand j'ai su, à cinq heures, que le général Trochu s'était entendu avec les chefs du mouvement insurrectionnél, je n'ai plus conservé aucun espoir; je n'ai même pas su qu'un certain nombre de députés devaient se réunir le soir dans la salle à manger de la présidence pour essayer courageusement de s'opposer à l'émeute, ou au moins de la contenir et de sauvegarder la représentation légale du pays. Peut-être, à cette dernière heure, tout n'était-il pas encore perdu, si le gouverneur de Paris, qui n'avait pas cru devoir se mettre à la disposition de la Régente, s'était mis du moins à celle du Corps législatif. Mais à cette heure il était déjà installé dans les fonctions de chef du gouvernement insurrectionnel ; et d'ailleurs, dans cette même séance, ne vous rappelez-vous pas qu'un des membres les plus éminents du Corps législatif (1), un de ceux qui pouvaient exercer, sur la résolution de ses collègues, la plus décisive influence, conseillait lui-même l'abstention et la soumission aux hommes de l'Hôtel de Ville? (T. I, *dép. Chevreau*, p. 271)

Appelé au sein de leur gouvernement par les insurgés, le général Trochu en réclame modestement la présidence. C'est ainsi que César aimait mieux être le premier dans une bourgade que le second dans Rome. Comme militaire, il continuait à étaler le même découragement.

Dès le second ou le troisième jour de notre réunion dans le conseil de gouvernement, je me sentis pris d'une anxiété profonde et de ce sentiment invincible que je repoussais, mais qui s'imposait à moi malgré moi, que le général Trochu ne nous mènerait pas à une victoire. Il le disait lui-même ; je ne dirai pas qu'il affichait le découra-

---

(1) M. Thiers, comme on le verra au chapitre consacré à ce personnage.

gement, car il était courageux et n'agissait pas en homme découragé, mais il menait le deuil du siége. Il nous déclarait que la défense, telle que nous la comprenions, était une héroïque folie ; qu'il n'y avait rien à attendre ni du dedans ni du dehors ; il ne croyait pas aux armées de l'extérieur ; il disait que nous avions en face de nous des forces organisées, et qu'il n'y avait que des forces organisées et exercées comme elles qui pussent lutter contre elles. Il ne nous laissait aucun espoir. (T. I, *dép. Picard*, p. 478.)

M. de Kératry atteste les mêmes faits :

Jamais le gouverneur de Paris n'a cru à une défense efficace. Or, quand on ne croit pas à la possibilité d'une entreprise, il est souverainement imprudent et dangereux d'en accepter la direction. Sans cesse, le soir, à l'Hôtel de Ville, il nous répétait que la défense était impossible, que Vanves et Issy tomberaient fatalement avant quinze jours aux mains des Prussiens, et que nous ne pouvions que *chicaner* l'ennemi. C'était son mot favori. Chaque fois qu'une affaire de quelque importance, heureuse au début, s'achevant toujours par la retraite, avait lieu, il se félicitait en nous disant : « Nous les avons encore un peu chicanés. » Il était de bonne foi, il ne tentait la résistance que pour l'honneur. Pour moi, voilà toute l'explication de ces sorties tronquées et avortées contre l'ennemi. Avec un pareil plan, il était impossible de rencontrer le succès. Quand on n'a pas la foi, on ne la communique pas à toute une population, aussi prompte à toutes les sensations. Et puis, est-il bien, sous l'empire de semblables prévisions, de sacrifier hommes et millions pour sembler marcher à un résultat qu'on croit irréalisable et intangible? (T. I, *dép. Kératry*, p. 668.)

Le général se plaisait à exposer souvent sa théorie de la force morale, si bizarre dans la bouche d'un militaire, et cependant, donnant carrière aux idées les plus insensées, telles que l'élection des officiers dans la garde nationale et dans la mobile, il détruisait toute discipline. Voici un fait entre mille à l'appui :

Le sergent X., de la 7ᵉ compagnie du 4ᵉ bataillon du... régiment de mobiles, fut puni en novembre par son capitaine de deux jours de consigne pour une faute légère. Deux de ses collègues, punis en même temps que lui, refusèrent, par deux fois et malgré toutes les observations, d'exécuter la punition et firent officiellement prévenir le capitaine de leur résolution. Sur le rapport du capitaine au colonel, le général Martenot, commandant la brigade, cassa le sergent X. par ordre du 14 novembre et le punit d'un mois de prison. Pendant que X. subissait sa peine, survint l'ordre de procéder dans la compagnie à l'élection d'un lieutenant en remplacement de M. D..., nommé capitaine. Les soldats furent avertis que les sous-officiers punis pour faute grave d'indiscipline étaient, d'après un décret récent du Gouvernement, inéligibles. X. fut néanmoins nommé par quarante et quelques voix, qui formèrent la majorité, bien que l'effectif de la compagnie fût de cent quatre-vingts hommes.

L'annulation de cette élection fut demandée par le

colonel, appuyée par les généraux commandant la brigade, la division et l'armée (MM. Martenot, de Malroy et Ducrot). — Elle n'en fut pas moins validée, vers la fin de novembre, et le sergent X., en sortant de prison, rentra comme lieutenant dans sa compagnie, où il fit son service jusqu'à la fin de la campagne. (*Rapport Chaper, Pièces justificatives*, p. 18.)

Quant à la garde nationale, triste corollaire comme force matérielle de la force morale de M. Trochu, voici sur cette troupe et sa façon de se comporter, quelques extraits curieux dont chacun peut, d'après ses souvenirs, vérifier l'exactitude :

Je dois vous dire ce qu'étaient ces régiments de marche de la garde nationale.

Lorsqu'ils arrivaient dans nos lignes, on était prévenu de leur arrivée par le bruit de leur musique jouant invariablement la *Marseillaise*.

La tête de colonne apparaissait entourée d'une foule de gamins et de femmes ; et puis alors, les gardes nationaux en désordre, plus ou moins ivres, faisant porter leurs fusils par leurs femmes ; et derrière tout cela, les omnibus portant les matelas, les lits, les batteries de cuisine, des cheminées à la prussienne pour ces messieurs ; je les ai vus s'installant dans les tranchées en y établissant leurs cheminées à la prussienne. C'est un fait, messieurs. Eh bien, cela m'arrivait par bandes de cinq, de six, de huit mille hommes. Jugez de la situation que cela nous faisait. Pendant toute la nuit, ils nous donnaient des alertes continuelles, et, tous les jours, je recevais des dépêches du général Faron, de l'amiral Saisset, du colonel Reille, ainsi conçues : « Mon général, je vous en supplie, ne nous envoyez plus de gardes nationaux, ils jettent l'indiscipline et le désordre dans nos troupes; ils nous font avoir les incidents les plus fâcheux. »

C'est ainsi qu'à Bondy, par exemple, en abandonnant son poste, la garde nationale avait permis aux Prussiens de pénétrer jusqu'au milieu du village; les braves mobiles de Tarn-et-Garonne n'en furent pas ébranlés, et se retournant contre les ennemis qui étaient déjà sur leurs derrières, ils leur firent payer cher cette audace, et changèrent en un succès ce qui, grâce à la garde nationale, pouvait être un désastre. (T. III, *dép. Ducrot*, p. 98.)

Le même général dit plus loin :

Il y a dans la garde nationale quelques personnalités d'élite qui se font tuer, mais c'est le petit nombre. Tous indisciplinés, nous les avons vus à Buzenval se débander, courir à un quart de lieue les uns des autres, tirer dans toutes les directions. Ils ont même tiré dans les jambes de mon cheval; nous avons eu un quart de nos hommes tués par eux, et je ne sais pas si Lambert, dont nous parlions tout à l'heure, n'est pas une de leurs victimes.

Je vous donnerai encore un détail sur la garde nationale. Un régiment avait pour objectif le parc de Buzenval. J'avais placé ce régiment de garde nationale entre deux régiments solides de l'armée; quand il arriva au parc de Boispréau, le colonel de Miribiel, qui commandait la brigade, pressa le colonel de faire avancer son régiment.

Les gardes nationaux qui entouraient le colonel, en entendant cet ordre, s'écrièrent : « Nous ne pouvons pas marcher, nous sommes fatigués, nous n'avons pas mangé depuis hier, nous voulons faire la soupe. »

Ils sont restés ainsi dans le parc de Boispréau à faire la soupe. Ils l'ont même faite deux fois. Le colonel de Miribiel les envoya chercher par son aide de camp ; ils ont trouvé je ne sais quel prétexte et ne sont pas venus. Le soir ils sont rentrés à Paris, et ce régiment, dont je viens de vous citer les exploits, a reçu à son retour huit croix, huit médailles et six citations. Il fallait bien les contenter, donner satisfaction à l'opinion publique, qui était convaincue que la garde nationale était héroïque. (T. III, *dép. Ducrot,* p. 105.)

Le général Vinoy a vu à l'œuvre le bataillon de Belleville à Montretout.

J'avais avec moi le fameux bataillon de Belleville. Pendant la nuit, quand je me rendais à Suresnes, où j'avais établi mon quartier général, je rencontrai les hommes de ce bataillon qui retournaient déjà à Paris. Je les ai fait revenir ; ils disaient : « Nous ne savons pas avec qui nous allons ; nous devons être avec le général Courty. » Je leur dis : « Le général Courty est sous mes ordres, je suis le général Vinoy, vous allez venir avec moi. » Je les ai fait mettre au mont Valérien ; le soir, ils se sont éparpillés. Quand ils ont entendu siffler les balles et vu les obus tomber, ils se sont emparés des omnibus et des voitures qui étaient pour les blessés. J'ai attrapé au collet un capitaine, et je lui ai dit : « Faites-moi voir votre blessure. » Il n'en avait pas. (T. III, *dép. Vinoy*, p. 123.)

Autre témoignage :

Je n'aimais pas beaucoup, je vous l'avoue, à voir des contacts entre mes hommes et les gardes nationaux. Tout ce que j'en avais vu me prouvait que la discipline n'aurait rien à gagner à ce contact.

Les hommes qui sortaient pour venir occuper les tranchées placées devant nous, étaient presque tous ivres au moment où ils sortaient de Paris, et bien souvent ils l'étaient encore pendant leur séjour dans les tranchées. (T. III, *dép. Amet*, p. 136.)

Un négociant, M. Frère, confirme ces dépositions :

A la fin, je fus incorporé, comme tout le monde, dans le dernier bataillon, le 122e. Je suis allé à la mairie pour protester contre l'armement de ce bataillon. On avait amené les fusils dans la cour des sœurs, rue de Reuilly, n° 77 ; on les avait jetés par terre, et chacun en prenait un, deux, trois, sans contrôle. Les femmes et les enfants venaient en chercher. Je me plaignis au maire, qui me répondit que ce n'était pas son affaire.

Le chef de bataillon était un homme de peine qui gagnait 4 francs par jour. La première fois qu'on donna l'argent de la solde, tout l'état-major s'es enivré ; on retrouva, le lendemain, mon homme endormi sur un banc, ayant près de lui un sac de 1,000 francs. C'était le désordre le plus complet. (T. II, *dép. Frère*, p. 263.)

Et plus loin, le même témoin dit encore :

Le 30, il y eut une grande attaque à Montmesly ; j'étais avec M. de Mortemart. Nous avons passé dix heures à cheval. Les bataillons de Belleville, armés de chassepots, étaient en avant de Créteil et devaient soutenir l'armée ; ils se sont sauvés. (T. II, *dép. Frère*, p. 264.)

On sait maintenant quelle folie ce fut de refuser au mois d'octobre l'armistice sans ravitaillement. Dans le sein de la commission d'enquête, M. le comte Daru essaye vainement de le faire comprendre au général Trochu.

M. LE GÉNÉRAL TROCHU. — .... Au point de vue de nos devoirs militaires, nous devions exiger le ravitaillement, ou alors c'était la reddition de Paris avancée d'autant.

M. LE COMTE DARU. — C'est le sentiment militaire qui vous fait parler ainsi. Mais vous aviez un double caractère, vous étiez chef d'une armée et chef d'un gouvernement politique. Remarquez que pendant tout le mois de novembre, vous ne vous êtes pas battu et que vous n'en avez pas moins mangé des rations. Vous auriez donc pu employer ce temps à réunir une Assemblée, sans que la défense de Paris en eût souffert le moins du monde. (T. I, *dép. Trochu*, p. 303.)

Arrive le 31 octobre. M. Trochu joue ses variations sur le thème de la force morale.

J'étais fort indécis, parce que le général Trochu m'avait

fait souvent sa théorie sur la force morale. Il me disait que, dans son sentiment et dans la situation qui lui était faite, il ne pouvait se maintenir que par la force morale; que le jour où il serait obligé d'en venir aux coups de fusil, en présence des Prussiens et au milieu de la démagogie armée (car M. de Bismarck avait fait entrer dans ses calculs la guerre civile), que, de ce jour, la défense serait impossible, et qu'il fallait maintenir l'ordre avec la seule force morale.

A cela je répondais que la force morale était une très-bonne chose; que je ne comprenais pas l'emploi de la force matérielle sans l'emploi de la force morale; mais qu'il fallait se résoudre à appuyer la force morale par la force matérielle quand cela était nécessaire. (**T. III**, *dép. Ducrot*, p. 88.)

On se rappelle la pompeuse proclamation du 7 janvier, que le général Trochu terminait en disant : « Le gouverneur de Paris ne capitulera pas. » Il paraît que les mots célèbres de cette époque, celui-ci et le « pas une pierre et pas un pouce, » furent commis en collaboration. Nos gouvernants se mettaient au moins à deux pour dire une sottise. Voici l'historique du mot du général Trochu :

Les dépositions que nous avons recueillies et celles qui ont été faites devant la cour d'assises de la Seine, nous ont appris les motifs de cette déclaration inattendue. Les voici : Justement ému par les discours incendiaires, par les menaces directes que l'on proférait dans les clubs contre le gouverneur de Paris, M. Cresson, préfet de police, s'était présenté le 6 janvier chez le général

Trochu ; il lui avait montré une affiche que l'on placardait sur les murs, le matin même ; signée des noms les plus compromis de la démagogie, cette affiche dénonçait le gouverneur comme préparant une capitulation et le dénonçait aux vengeances populaires. Croyant à une émeute prochaine, le préfet de police avait conjuré le gouverneur de l'aider à la prévénir ; il lui avait rappelé ses déclarations au conseil de guerre du 31 décembre, ses promesses de résistance à outrance, et lui avait dicté la phrase : *Le gouverneur de Paris ne capitulera pas,* en le suppliant de la signer. Le général avait cédé. (*Rapport Chaper,* p. 257.)

Au 31 octobre, le rôle du général Trochu fut des plus piteux : il se laissa prendre avec la plupart de ses collègues dans la souricière de l'Hôtel de Ville, et dans cette bagarre, d'où le gouvernement du 4 septembre sortit avec un ridicule de plus, la fameuse théorie de la *force morale* ne trouva pas d'application.

Sa plus notable action, en cette journée mémorable, fut de retirer le commandement des bataillons de la garde nationale bien disposés en faveur de l'ordre à M. Roger (du Nord), connu par ses opinions conservatrices, pour le donner à M. Jules Ferry. Le général Ducrot eut à ce sujet le dialogue suivant avec M. Ferry. C'est le général qui a la parole :

« Nous avons pris toutes nos dispositions pour nous emparer de l'Hôtel de Ville. On y marche. — Je crois que la garde nationale marchera bien. — Oui, mais pour cela il a fallu trouver un général qui la commandât, et le général Trochu a désigné M. Roger (du Nord). —

Roger (du Nord) ! c'est impossible ! Comment ! vous avez choisi Roger (du Nord) ! — Eh ! pourquoi pas ? — Mais, parce que la situation politique ne permet pas, sans les plus grands inconvénients, de le prendre pour commander en chef la garde nationale. Cela va produire le plus fâcheux effet. — Eh ! il s'agit bien de politique maintenant ; il s'agit de rétablir l'ordre, voilà tout, et Roger (du Nord) convient parfaitement à cette mission. »

M. Jules Ferry eut alors un entretien avec le général Trochu dans le fond de la salle. Que s'est-il passé entre eux ? Je n'en sais rien ; mais ce que je sais bien, parce que cela m'a été dit par M. Roger (du Nord), c'est que celui-ci fut rejoint, place Vendôme, par M. Jules Ferry, qui lui dit que, d'après ce qui avait été convenu avec le général Trochu, c'était lui qui prenait la direction, le commandement de la garde nationale ; et, en effet, il le prit dès ce moment-là. De telle sorte que M. Roger (du Nord) se voyait obligé de marcher avec M. Jules Ferry, n'ayant plus ni initiative, ni commandement, ni par conséquent de responsabilité. (T. III, *dép. Ducrot*, p. 90.)

Nous n'insisterons pas sur le rôle militaire de M. Trochu. Paris se souviendra longtemps de la façon dont il a été défendu par un homme qui, niant la possibilité de la défense, n'en n'avait pas moins assumé la responsabilité. Sous la direction sceptique du général Trochu, on n'éprouva que des échecs. Voici un détail qui montre avec quelle négligence il conduisait les opérations militaires : à Montretout, il oublia M. de Lareinty et son bataillon de mobiles.

eL lendemain matin, je fis arborer un drapeau tricolore

que j'avais fait confectionner. — L'amiral de Langle l'a
perçut avec son télescope. Il télégraphia au général Troch¡
pour lui dire qu'il voyait à Montretout le drapeau fran
çais. « Ce n'est pas possible, lui fut-il répondu ; il n'y
pas là de troupes françaises : tirez dessus... » Je suis rest
deux jours et une nuit sous le feu croisé des Prussiens ɛ
des Français. Sans vivres depuis la veille, et sur le poin
de manquer de munitions, je fus obligé de me rendr
sous le coup d'une batterie prussienne mise en position
cinq cents mètres de nous. (T. II, *dép. Lareinty*, p. 316.

Enfin il fallut traiter avec l'ennemi : le général, on se]
rappelle, avait juré de ne pas capituler. Mais, s'il ne voula
pas capituler, il ne voulait pas davantage donner sa démi
sion : il fallut le destituer. Lui-même l'a constaté dans u
passage de son fameux discours à l'Assemblée national¢
cité par M. le comte Daru.

« Les maires de Paris réunis autour du Gouvernemer
me dirent, avec la plus grande courtoisie, que ma si
tuation n'était plus possible ; ils m'invitèrent à donne
ma démission. Je répondis que je ne la donnerais pas
J'étais là, vis-à-vis de ma démission, dans le systèm
où j'étais depuis six mois devant les épreuves qui m'ac
cablaient. Je ne voulais pas me retirer ; mais, parlant a
Gouvernement, je lui disais : *Vous êtes le Gouverne*
ment, vous avez le droit de me destituer et de me rem
placer.

« Je fus destitué et remplacé.

« On n'a pas manqué de dire, dans le public, qu
c'était un arrangement entre collègues pour me fair

sortir d'embarras, en raison d'une proclamation que j'avais faite quelques semaines auparavant, et dans laquelle j'avais dit : *Le gouverneur de Paris ne capitulera pas.* Eh bien, non ! ce ne fut pas un arrangement ; ce fut une véritable destitution, consentie sans observation par le général en chef. » (*Rapport Daru*, p. 321.)

Ce fut si bien un arrangement, que le général Trochu fut à la vérité destitué de ses fonctions de gouverneur de Paris, mais resta président du Gouvernement de la Défense nationale. Ainsi, il trouva moyen, grâce à l'inexpérience et à la faiblesse de ses collègues, de se soustraire à l'obligation qui lui incombait, comme chef militaire suprême, de traiter avec l'ennemi, et il s'arrangea de façon qu'il n'eût pas à apposer sa signature au bas d'une capitulation rendue nécessaire par son impéritie.

Il convient d'ajouter que la capitulation de Paris se rendant avec 500,000 hommes sous les armes, n'ayant tué que 12,000 hommes à l'ennemi, contraste singulièrement avec la capitulation de Metz — si sévèrement jugée par l'illustre général d'Aumale — par suite de laquelle le maréchal Bazaine se rendait à Frédéric-Charles avec 170,000 hommes, après avoir tué 54,000 Allemands.

Nous voulons être sobre de réflexions générales sur les personnages que l'*enquête parlementaire* fait défiler devant nos yeux. Nous nous contenterons de faire remarquer que M. Trochu n'a pas le droit d'invoquer le bénéfice des circonstances atténuantes qu'on pourrait, dans une très-faible mesure, accorder aux autres membres du Gouvernement de la Défense nationale : il n'était pas, comme eux, un agitateur de profession, il appartenait à l'armée. Là toutes les traditions d'honneur et de patriotisme devaient le retenir dans le devoir. Les autres, du moins, n'avaient pas solennellement juré de se faire tuer sur les marches du trône.

Il y a un fait qui domine toutes les considérations ; il juge et condamne M. Trochu : celui qui, en dehors de ses protestations spontanées, avait prêté à l'Empire le serment professionnel, qui était le 3 septembre, au nom de l'Empereur, gouverneur de Paris, s'est mis le 4 septembre à la tête du gouvernement sorti de l'émeute qu'il avait mission de réprimer. L'histoire n'aura pas assez de sévérités pour une telle action, et elle ratifiera les qualifications rigoureuses attachées dès maintenant au nom de Trochu par l'indignation publique.

JULES FAVRE

Le mobile à peu près unique auquel a obéi M. Jules Favre dans sa carrière politique, c'est la haine de l'Empereur. Cette haine lui inspire des propos véritablement insensés. Par exemple, il a osé dire ceci devant la commission d'enquête :

Je savais que l'Empereur s'était rendu par lâcheté, pour éviter la responsabilité politique de ses fautes ; — ceux qui l'ont reçu prisonnier me l'ont dit et le tenaient à peu près de sa bouche. — Il lui aurait été facile de s'en aller en Belgique ; *les Prussiens lui auraient ouvert le chemin.* (T. I, *dép. J. Favre*, p. 331.)

Nous devons ajouter que dans la *commission d'enquête,* composée en majeure partie de loyaux orléanistes, il ne s'est pas trouvé un seul député pour relever, nous ne dirons pas l'inconvenance, mais l'absurdité de ces paroles : elles donnent une juste mesure de la bonne foi de M. Favre aussi bien que de la hauteur de son intelligence.

Pour donner encore une idée de sa judiciaire, nous rappellerons qu'il s'écriait *ore rotundo*, dans la séance du 24 décembre 1867 :

Je suis convaincu que la nation la plus puissante est celle qui serait le plus près du désarmement (1)... (*Rapport Chaper, Pièces justific.*, p. 5.)

Dans sa déposition, M. Jules Favre feint d'être convaincu que l'Empereur, après nos premiers revers, avait conservé le commandement effectif.

Bazaine a-t-il jamais commandé? Je ne le crois pas; nous avons été le jouet de mensonges, et l'Empereur a toujours réellement conservé le commandement. (T. I, *dép. J. Favre*, p. 332.)

Il n'y a dans tout cela de mensonger que l'allégation de M. Jules Favre. Nous y répondrons en citant cet extrait de la déposition du maréchal de Mac-Mahon, le glorieux vaincu de Reischoffen et de Sedan :

Je dois dire ici, car il faut rendre justice à tous, que dans tout le cours des opérations, jamais l'Empereur ne

---

(1) Il faut dire que M. Ollivier, qui n'avait pas encore passé, pour notre malheur, des bancs de l'opposition sur ceux du ministère, disait dans la même séance, sinon d'un cœur, du moins d'un esprit bien léger : *Que la France désarme, et les Allemands sauront bien contraindre leurs gouvernants à l'imiter.*

s'est opposé aux mouvements par moi ordonnés, et que ces opérations ont toujours été commandées par moi et non par lui.

A Reims et au Chêne-Populeux, l'Empereur était d'avis de reporter l'armée sur Paris; c'est moi seul qui ai prescrit le mouvement dans la direction de Metz. (T. I, *dép. Mac-Mahon*, p. 29.)

M. Jules Favre a laissé échapper cet axiome curieux :

Quand une révolution éclate, ceux qui s'y trouvent mêlés subissent la loi du plus fort. (T. I, *dép. J. Favre*, p. 332.)

La suite des événements a prouvé que, cette fois, M. Jules Favre a dit la vérité, car voici comment M. de Bismarck jugeait la situation du gouvernement insurrectionnel du 4 septembre :

M. le comte de Bismarck avait trop bien pénétré le secret de la faiblesse du pouvoir nouveau, quand, le 31 octobre, il disait à M. Thiers, dans une conférence tenue à Versailles: « Ce ne sont pas MM. Jules Favre et Trochu qui gouvernent; ils agissent sous la pression d'une population affolée. » (*Rapport Daru*, p. 75.)

Le 4 septembre, un nombre considérable de députés se réunit dans la salle à manger du Corps législatif. A l'issue de cette séance, une députation, ayant M. Grévy à sa tête, fut envoyée à l'Hôtel de Ville. M. Grévy prit la parole, revendiquant les droits des élus de la nation.

On l'écouta avec attention, et quand il eut fini, M. Jules

Favre répondit : « Nous sommes flattés de la démarche que vous avez bien voulu faire auprès de nous ; mais votre visite ne s'adresse pas seulement, comme vous paraissez le croire, aux députés de Paris ; vous trouvez ici les membres du nouveau gouvernement qui vient d'être acclamé par le peuple, sur la place de l'Hôtel-de-Ville. Ce gouvernement existe, et vous venez trop tard ! Il ne saurait plus être question d'un pouvoir à constituer ; c'est un fait accompli. Le Corps législatif verra ce qu'il aura à faire ; il ratifiera ou ne ratifiera pas la résolution qui a été prise : c'est une question que nous n'avons pas à examiner. Par conséquent, vous devez comprendre que l'entente que vous nous proposez est complétement impossible. Je dois ajouter pourtant que nous consulterons MM. Trochu, Gambetta et Picard, qui font partie avec nous du gouvernement, et qui sont absents. » (T. II, *dép. Johnston*, p. 288.)

Le soir, à huit heures, une seconde séance eut lieu dans le même local. MM. Favre et Simon s'y présentèrent au nom du soi-disant gouvernement installé à l'Hôtel de Ville. Nous avons cru devoir réserver nos extraits concernant cette séance pour le chapitre consacré à M. Thiers, lequel, en cette circonstance, a joué le rôle le plus double.

Une fois arrivé à ce pouvoir qu'il avait convoité durant tant d'années, l'avocat Jules Favre s'aperçut qu'il est plus facile de révolutionner que de gouverner. Le peuple est très-sensible à l'emphase des rhéteurs, mais ce moyen d'action, si puissant sur lui, s'use avec une extrême rapidité. C'est alors que la profonde nullité de M. Jules Favre, jusqu'alors déguisée par sa faconde, apparut aux yeux des plus simples. Il s'était attribué le département des affaires étrangères, et il débuta dans la diplomatie par un morceau de rhétorique se terminant par le serment de ne céder à l'ennemi *ni un pouce de notre territoire ni une pierre de nos forteresses.*

Un illustre homme d'État anglais, M. Gladstone, a exprimé dans le Parlement anglais l'impression que produisirent en Europe les proclamations du nouveau ministre des affaires étrangères et de M. Gambetta, le nouveau ministre de l'intérieur.

« La guerre était finie de fait après la bataille de Sedan, dit M. Gladstone, et on aurait dû alors faire la paix. Mais, avant que le mot de paix eût été proféré, le nouveau gouvernement de Paris, par la bouche de ses représentants les plus autorisés, MM. Jules Favre et Gambetta, avait prévenu toutes négociations en déclarant qu'on ne céderait *ni un pouce de territoire, ni une pierre des forteresses.*

« M. Gambetta, allant plus loin encore, ajoutait *qu'on ne prêterait l'oreille à aucune proposition tant que la présence d'un soldat allemand souillerait le sol de la France.* Je ne voudrais pas dire un mot qui pût blesser une grande nation malheureuse. Je sympathise avec la France, que je plains de toute mon âme, mais que je plains surtout d'être *tombée entre les mains de ces deux hommes qui portent la principale responsabilité du sang répandu.* » (*Rapport Daru*, p. 433.)

Dans sa déposition devant la commission d'enquête, M. Jules Favre traite de fable la promesse faite par la Russie d'intervenir en notre faveur.

Je puis affirmer que c'est une fable. Car les échanges

diplomatiques que j'ai eus avec la Russie ont été de telle nature, qu'ils sont exclusifs de cette pensée de secours qu'on lui a prêtée à tort. (T. I, *dép. J. Favre*, p. 346.)

Sur ce point, la déposition de M. Duvernois ne laisse place à aucun doute.

Le 26 août, l'empereur de Russie donne une audience au général Fleury ; celui-ci lui expose de nouveau la situation grave qui est faite à la France, et lui dit : « J'ai vu les derniers événements avec déplaisir et j'ai peur que mon oncle sorte des limites de modération qui lui sont assignées. L'Allemagne est très-surexcitée ; il y a là un écueil. » Le général Fleury demanda à l'empereur, si, dans le cas où la Russie voudrait intervenir en notre faveur, l'intégrité du territoire serait l'une des conditions de cette intervention. Alors l'empereur lui répondit avec fermeté — (c'est la phrase textuelle de la dépêche, si je me la rappelle bien :) — « Au moment venu, je parlerai haut et je ferai tous mes efforts pour sauvegarder l'intégrité du territoire, et pour assurer le maintien de la dynastie. » La dépêche, qui a trois pages, rapporte toute la conversation dans des termes d'une grande précision. (T. I, *dép. Duvernois*, p. 225.)

Il va sans dire que le czar n'entendait pas tenir, au profit d'une bande d'émeutiers, les engagements qu'il avait pris avec le gouvernement impérial.

Si la témérité politique de M. Jules Favre ne l'avait pas empêché de comprendre la lourdeur de la responsabilité qu'ils encouraient, lui et ses complices, il se fût hâté de convoquer une Assemblée. Voici ce qui s'est passé à ce sujet dans le prétendu Gouvernement de la Défense nationale :

« Les hommes qui menaient la révolution, ajoute M. Guyot-Montpayroux, ne voulaient point d'élections ; ce sont eux qui ont imposé aux membres du Gouvernement de la Défense l'ajournement. »

Si l'ennemi n'avait pas été là, M. J. Simon aurait consenti à procéder immédiatement aux élections ; mais il craignait, comme M. Gambetta, d'affaiblir l'autorité si fragile dont le Gouvernement était revêtu, en laissant discuter le principe sur lequel cette autorité reposait. Ce principe était incontestable, il ne fallait pas le laisser contester. Dans son opinion, *les élections devaient tourner nécessairement au profit du parti orléaniste.*

A cela M. Garnier-Pagès répondait : « Vous ne voulez pas d'élections parce que vous craignez qu'elles ne soient pas assez républicaines. Elles le seront d'autant moins qu'elles seront faites plus tard ; » ce qui était vrai.

Aux yeux de M. Crémieux, les élections immédiates étaient un danger immense ; elles étaient *le salut de la France,* aux yeux de M. J. Favre.

La proposition, mise aux voix, fut sur le point d'être adoptée. MM. J. Favre, Picard, J. Ferry, Trochu, Garnier-Pagès, Magnin et Dorian (au nombre de 7) votèrent en faveur d'élections, sinon immédiates, du moins très-rapprochées. MM. Gambetta, Rochefort, J. Simon, Crémieux, Arago et Glais-Bizoin (au nombre de 6) votèrent contre. M. Pelletan était absent. Mais les votes de MM. Dorian et Magnin, qui n'étaient pas membres du Gouvernement, ayant été annulés, la majorité se trouva renversée. Compte fait des suffrages valablement exprimés, on arriva à constater que la proposition de M. J. Favre était rejetée par 6 voix contre 5.

A la même majorité de 6 voix contre 5, la date des élections fut fixée au 16 octobre.

On voit à quoi tiennent les plus grands événements.

Si M. Pelletan s'était trouvé présent à cette séance, s'il avait voté comme il l'a fait un peu plus tard, c'est-à-dire dans le même sens que MM. Trochu, Picard, Garnier-Pagès, Jules Ferry et Jules Favre, on se serait trouvé partagé en nombre égal, six contre six, et la voix du président étant prépondérante, une Assemblée eût été élue. Il en fut autrement, l'ajournement prévalut. (*Rapport Daru*, p. 436.)

Cette délibération avait lieu à la date du 8 septembre.

Après la bataille de Champigny, M. Jules Favre s'imagina que nous venions de remporter une éclatante victoire. Son erreur s'explique sans doute par son prudent éloignement du champ de bataille. Car on remarquera que ces messieurs de la Défense nationale, qui, à deux ou trois reprises, dans des proclamations que personne n'a oubliées, juraient de mourir pour la patrie, ne s'exposèrent pas à recevoir la plus légère égratignure. Il transmit cette nouvelle à M. Gambetta dans les termes suivants, où la haine de l'Empire éclate dans un langage ridiculement emphatique :

17. — *M. J. Favre à M. Gambetta.* (*N° 28.*)

2 décembre 1870.

La date fatale est rachetée. — Le crime effacé par la

gloire. — Le souvenir n'en restera que pour maudire son auteur et réparer par le civisme le mal qu'il a fait. — Ce matin, à sept heures, nos troupes ont recommencé le feu. Assaillies par des décharges furieuses de l'ennemi, elles ont répondu avec énergie et pendant près de huit heures héroïquement résisté à une formidable artillerie mêlée d'obus et de mousqueterie. — Toutes ont été admirables. (*Rapport Chaper*, *Pièces justific.*, p. 65.)

A ces récits de succès imaginaires, M. Gambetta ne se faisait pas faute de riposter par des narrations de victoires également fabuleuses.

Cependant M. Favre renouvelait les bonnes traditions de 93. Un certain Bertillon, maire du V⁰ arrondissement, avait imaginé une mise en scène qui rappelait la *grande époque* : des tréteaux avaient été installés sur la place du Panthéon, des bannières flottaient au vent sur lesquelles on lisait ces mots : *La Patrie est en danger*. La musique de la garde nationale jouait en attendant les enrôlements des volontaires, style 93, lesquels n'abondaient pas, en dépit des grands avantages que Bertillon promettait à eux et à leur famille.

M. Jules Favre éprouva le besoin de féliciter ce digne maire, et l'*Officiel* enregistra la note suivante :

« Les inscriptions des volontaires se continuent avec activité dans les mairies et les bataillons. M. le Dʳ Bertillon, maire du V⁰ arrondissement, a eu l'heureuse et patriotique idée de leur donner une véritable solennité ; il y préside lui-même sur une estrade construite devant les grilles du Panthéon. Un bataillon y envoie tous les jours une garde et des tambours qui exécutent des roulements.

M. le commandant supérieur de la garde nationale a té-
moigné toute sa satisfaction à M. Bertillon et M. le ministre de l'intérieur lui a adressé la lettre suivante. »
(*Rapport Chaper, Pièces justific.*, p. 37.)

Nous ne reproduisons pas la lettre, qui ne présente rien
de remarquable.

Au 31 octobre, M. Jules Favre fut pris avec ses collègues
par les blanquistes. Comme les autres membres du Gouvernement, il excuse la pusillanimité dont ils firent tous
preuve dans cette journée par des considérations d'huma-
nité, ou de dignité : ils ne voulaient pas avoir d'émeutes
sous les yeux des Prussiens. Mais devant la commission
d'enquête, l'habile comédien s'est oublié un instant et il
laisse échapper cet aveu :

Notre situation était telle que nous ne savions pas le
matin si notre tête serait sur nos épaules le soir. J'ai
beaucoup sacrifié à cette préoccupation d'éviter une sédition. (T. I, *dép. J. Favre*, p. 336.)

La question de leur sûreté personnelle a joué un rôle
immense dans les préoccupations des hommes du 4 septembre.

Cependant ses collègues et lui entretenaient la population dans des illusions insensées auxquelles ils ne pouvaient
plus l'arracher quand la résistance dut toucher à sa fin.

Au contraire, le Gouvernement de Paris, par des phrases pompeuses, cette déplorable et sotte rhétorique qui
nous a été si nuisible, par de folles idées répandues dans
la presse, celles-ci, par exemple, que si les Prussiens entraient par l'Arc de triomphe, on leur disputerait pied à

pied le terrain, qu'on se réfugierait d'abord aux Tuileries, puis des Tuileries à l'Hôtel de Ville ; par toutes ces idées saugrenues répandues par l'amour d'une ridicule déclamation, ces théories absurdes et ces surexcitations insensées, a, plus tard, entraîné et égaré beaucoup d'honnêtes gens dans le mouvement insurrectionnel de la Commune de Paris. Car, en définitive, le peuple de Paris, après avoir entendu pendant six mois ces mêmes phrases, dans un moment de trouble et de confusion, a fait ce qu'on lui avait répété à satiété dans les proclamations et les journaux du Gouvernement. *(T. II, dép. Guyot-Montpayroux,* p. 206.)

Le général Ducrot adressait le même reproche aux hommes de la Défense nationale.

« Vous avez tort, disait le général Ducrot (1) à l'un des principaux membres du Gouvernement, de tromper la population de Paris. Il arrivera un moment où fatalement il faudra lui faire connaître la vérité. Vous l'entretenez dans une erreur qui vous sauve aujourd'hui, mais qui vous perdra demain ; au lieu de préparer les esprits aux événements qui nous menacent, vous êtes à leur remorque ; mieux vaudrait les éclairer. La presse a une grande influence, servez-vous-en ; réunissez les représentants des grands journaux ; éclairez-les, ils vous aideront. » *(Rapport Daru,* p. 307.)

M. Favre et ses amis avaient si bien fait, qu'au moment

(1) *Simple récit,* t. II, p. 366.

fatal, ils ne savaient plus comment désabuser la population; c'est dans ce but qu'ils décidèrent l'inutile et sanglante affaire de Montretout.

J'ai entendu des paroles comme celles-ci dans les conseils du Gouvernement, où je luttais avec beaucoup d'énergie contre les funestes théories émises tous les jours : « Général, vous aurez beau dire, mais l'opinion publique ne sera satisfaite que quand il y aura dix mille gardes nationaux par terre. » A cela, je répondais : « En vérité, Messieurs, en ma qualité de général d'armée, je ne puis pas accepter la direction d'une opération qui a pour but unique de faire tuer dix mille gardes nationaux. D'abord, la chose n'est pas aussi facile que vous le pensez. Pour cela, il faudrait être sûr qu'ils voudront se battre. Vous voulez les porter en masse sur un point ; il pourra se faire que, grâce à l'énergie et à la bravoure de quelques individus, la tête de colonne s'engage, mais la masse se débandera bien vite, et tout fuira en désordre. » C'est en effet ce que nous avons vu plus tard. (T. III, *dép. Ducrot*, p. 99.)

L'influence particulière de M. Jules Favre fut désastreuse : son inexplicable précipitation causa des retards dont les résultats furent déplorables.

Le lundi 17, nous étions réunis au conseil du Gouvernement à dix heures du soir. On discuta cette opération sur Versailles, et MM. Jules Favre, Emmanuel Arago, Jules Simon et autres insistèrent beaucoup, disant que le peuple voulait cette opération, qu'il fallait la faire absolument, qu'on était dans ces idées-là, qu'il y avait chance de réussir. Quelques observations furent à peine écoutées, et enfin il fut décidé que l'opération aurait lieu.

Alors, M. Jules Favre se leva et dit de son ton le plus solennel au général Trochu :

« Eh bien, général, maintenant que nous avons décidé l'opération sur Versailles, il s'agit de convenir du jour ; vous savez que le temps nous presse ; il faut donc que ce soit le plus tôt possible. Quand pensez-vous pouvoir faire cette opération sur Versailles ? »

Le général Trochu lui répondit : « Voyons... C'est aujourd'hui lundi, ou plutôt mardi, puisqu'il est près de minuit, nous avons des troupes à Rosny, à Bondy, qu'il faut faire revenir dans la presqu'île de Gennevilliers ; c'est assez long, nous ne pourrions guère commencer l'opération que dans la nuit de jeudi à vendredi. J'avoue que ce jour de vendredi me contrarie, il inquiétera beaucoup de gens ; nous avons déjà tant de chances contre nous qu'il ne faut pas les augmenter. On a déjà parlé des vendredis du général Trochu. Je crois donc qu'il serait bon de ne commencer l'affaire que dans la nuit du vendredi au samedi.

« — Samedi ! s'écria Jules Favre, c'est toute une semaine encore ! Est-ce qu'avec beaucoup de bonne volonté vous ne pourriez pas avancer l'heure de l'action et la mettre dans la nuit du mercredi au jeudi ? — C'est impossible, répondit le général Trochu, il est minuit ; nous sommes au mardi, songez-y ; il faut donner des ordres aux généraux des corps d'armée, les transmettre aux généraux de division ; il faut préparer un plan, et nous ne pouvons faire cela en si peu de temps. »

M. Jules Favre ne se rendit pas à ces raisons et répéta encore une fois :

« Voyons, général, avec beaucoup de bonne volonté et d'énergie, ne pourriez-vous pas arriver à faire ce que je vous demande ? »

Le général Trochu ainsi pressé répondit : « A la rigueur, avec beaucoup d'activité et d'énergie, on y arriverait. — Eh bien, c'est convenu, dit aussitôt M. Jules Favre, nous ferons cela dans la nuit du mercredi au jeudi.»

Il était près d'une heure, nous nous sommes séparés. Le général Schmitz s'est couché et n'a préparé son affaire que le lendemain. Les ordres furent faits à la hâte et très-écourtés. (T. III, *dép, Ducrot,* p. 102.)

Le gouverneur de Paris ayant juré de ne pas capituler, M. Jules Favre, avec son habituelle légèreté, favorisa cet escamotage, et il eut l'audace d'assumer la responsabilité de négociations militaires, desquelles son incompétence ne devait pas lui permettre de se mêler. Le plus curieux, c'est que M. Favre avoue cette incompétence dont l'armée de Bourbaki éprouva si tristement les effets.

Je m'étais trouvé placé, dès le principe, dans une position qui était aussi dangereuse qu'anormale. Je ne suis pas militaire, et cependant *je me trouvais forcé de débattre des questions que je ne connaissais pas,* et j'étais exposé à commettre des fautes qui auraient pu compromettre l'armée. (T. I, *dép. J. Favre,* p. 361.)

Dans son éternel optimisme, il se déclare charmé des conditions que lui a imposées l'ennemi.

J'ai donc obtenu ce que j'ai demandé, et mes amis considéraient comme impossibles à espérer ces conditions d'armistice pour lesquelles j'ai été en butte à de si nombreuses accusations. (T. I, *dép. J. Favre*, p. 342.)

Il faut dire que les Prussiens professaient pour le gouvernement de MM. Favre, Trochu et compagnie, un mépris parfaitement justifié, qu'ils ne prenaient même pas la peine de dissimuler. M. Favre ne fait pas de difficulté d'en convenir.

Nous étions donc bien en droit de faire des réclamations (1) à M. de Moltke. Il nous fut répondu que lorsqu'on avait à combattre un gouvernement qui était contraire à toute espèce de droit, qui avait violé toutes les lois divines et humaines, on pouvait s'affranchir de ces lois; que, du reste, on allait s'approcher de Paris, et qu'alors on viserait plus juste.

D'un autre côté, M. de Bismarck affichait vis-à-vis de nous le plus grand dédain. (T. I, *dép. J. Favre*, p. 357.)

M. Chaper n'hésite pas à attribuer à M. Jules Favre la responsabilité des désastres de Bourbaki.

Il résulte des dépositions des généraux de Beaufort-d'Hautpoul et de Valdan, que la question de l'armée de l'Est, débattue le 27 devant M. de Beaufort, ne fut pas résolue, mais ajournée au 28. Le 28, le général de Beaufort fut remplacé par le général de Valdan, qui n'avait pas

____

(1) Au sujet du bombardement de Paris.

mission de traiter les questions relatives à la province, et la question de l'armée de l'Est fut passée sous silence, ou ajournée. La convention fut signée ce jour-là telle que nous la connaissons. Ce n'est que plus tard, lorsque le désastre fut complet, que l'on revint enfin à tracer la ligne séparative des armées dans les départements de l'Est. C'est donc M. Jules Favre seul qui a réglé cette question avec l'ennemi. (*Rapport Chaper*, p. 321, *note.*)

M. Favre s'excuse sur son trouble:

Nous avons arrêté avec M. de Bismarck les termes de la dépêche. A ce moment j'étais dans un très-grand état de trouble, et cela se comprend. (T. I, *dép. J. Favre*, p. 365.)

Plus tard, M. Jules Favre prétendit que M. de Bismarck l'avait induit en erreur et que par une habileté, ou plutôt une perfidie, de rédaction qui avait échappé à son attention à lui, Favre, la dépêche avait été conçue en termes ambigus qui permirent aux Prussiens d'excepter l'armée de Bourbaki de l'armistice. Mais M. Jules Favre, pressé de questions devant la commission d'enquête, est obligé de reconnaître qu'il est le seul auteur de la dépêche expédiée sous le contrôle de M. de Bismarck.

M. Daru me demande si j'ai envoyé une dépêche à Bordeaux; voici dans quelles conditions l'armistice a été signé.

C'est au moment où j'ai signé la capitulation et avec la même plume que j'ai écrit cette dépêche à M. Gambetta, sous les yeux et avec le contrôle de M. de Bismarck. Nous n'avions à notre disposition aucune espèce de moyens de communication ; ce n'est que cinq ou huit jours après que j'ai obtenu, avec la plus grande peine, et parce que l'armistice était en plein cours d'exécution, l'autorisation d'envoyer des dépêches à Tours.

M. CHAPER. — Est-ce vous qui avez rédigé la dépêche, ou M. de Bismarck ?

M. JULES FAVRE. — C'est moi. (T. I, *dép. J. Favre,* p. 364.)

Quelque temps avant que cet homme de robe se laissât imposer les responsabilités d'un chef militaire et capitulât en son propre et privé nom, l'Angleterre l'avait invité à assister à la conférence de Londres, où allait se régler la révision du traité de Paris. Il y avait un double intérêt à ce que la France fût représentée à cette conférence : il fallait, pour sa dignité, qu'on ne revisât pas sans son consentement un traité où elle figurait comme partie contractante ; en outre, on pouvait espérer dans ces circonstances amener en notre faveur une médiation bienveillante de l'Angleterre, de la Russie et de l'Italie.

On va voir pour quelles puériles raisons M. Favre déclina l'invitation de l'Angleterre.

M. Jules Favre répondait à lord Granville qu'il ne se rendrait pas à Londres tant que le bombardement continuerait. Il était certain que la Prusse ne désirait en aucune façon voir la France représentée à Londres ; elle l'avait prouvé en retenant plus de dix jours aux portes de Paris l'invitation envoyée à M. Jules Favre, et en aisant beaucoup de difficultés pour lui accorder un sauf-conduit.

Il était donc chimérique d'espérer que le bombardement serait interrompu, afin que notre envoyé consentît à sortir de Paris. Il était bien certain que la France n'était plus en position d'exiger que la conférence restât suspendue jusqu'au jour où elle y enverrait son mandataire. Il était donc facile de comprendre que le refus conditionnel de M. Jules Favre équivalait à un refus pur et simple.

Quant au motif auquel cédait M. Jules Favre en restant dans Paris, on a quelque peine à le justifier. Le bombardement, lui disait-on, vous fait un devoir de rester dans Paris. Si le bombardement avait pu menacer M. Jules Favre, on comprendrait jusqu'à un certain point qu'il mît son honneur à ne pas se soustraire au péril, même dans un intérêt public; mais jamais il n'a été personnellement exposé aux sévices de la guerre dans Paris. (*Rapport Chaper*, p. 271, *note.*)

On se rappelle que M. Favre obtint à grand'peine de M. de Bismarck de laisser à la garde nationale ses armes. Durant la Commune, il en a demandé publiquement pardon à Dieu et aux hommes, qui ont beaucoup d'autres choses à lui pardonner. Au moment des négociations, il s'applaudissait fort de ce brillant résultat, et il disait au général Vinoy, en s'appropriant le mot célèbre de M. Prudhomme : « L'armement de la garde nationale est le plus beau jour de ma vie ! » A quoi le général répondit : « Le plus beau jour de votre vie, peut-être, sera le plus mauvais pour la France, à coup sûr. » (T. III, *dép. gén. Vinoy*, p. 123.)

La Commune était facile à prévoir du moment où

M. Jules Favre laissait la garde nationale en armes. Lui-même, ce singulier avocat, disait en plaidant devant M. de Bismarck la cause de la garde nationale :

La garde nationale renferme des éléments très-mauvais. On a donné des armes à tous ceux qui venaient en chercher. J'ai moi-même été ministre de l'intérieur par intérim pendant trois mois; j'ai vainement cherché à y mettre de l'ordre, je m'y suis épuisé, et je n'y suis pas parvenu; je ne suis arrivé à rien, si ce n'est à prolonger cet état de désordre effroyable qui résultait de ce que la garde nationale était payée et de ce que la plupart de ses soldats ne cherchaient que leurs trente sous ou leurs 2 fr. 75 par jour. (T. I, *dép. J. Favre*, p. 343.)

Plus tard, à Bordeaux (procès-verbal de la séance du 4 mars, 8e bureau), M. le général Ducrot prévoyait le second siége :

« Contrairement à l'avis de M. le ministre de la guerre, je pense que le danger est très-sérieux. Les gens de Belleville évidemment sont peu redoutables par eux-mêmes, et, dans des circonstances ordinaires, il suffirait de quelques coups de mitrailleuse pour en finir. Mais, aujourd'hui, ils peuvent donner à leur soulèvement un prétexte auquel les uns se laisseront prendre, et que les autres exploiteront. Ils diront, comme ils le disent déjà, que la paix, au prix qu'elle a coûté, est une lâcheté, un crime contre la nation, et ils trouveront des hommes résolus. Il y a en ce moment à Paris un grand nombre d'anciens francs-tireurs, gens de peu de valeur morale, pour la plupart, mais très-énergiques; ils formeront des groupes autour d'eux, et seront des têtes de colonne capables d'une action très-vigoureuse.

« Il est fâcheux que, dès la première tentative, l'insurrection n'ait pas été étouffée. *Il faudra, plus tard, un siége peut être.*

« Et d'ailleurs, il n'y a pas que Paris qui soit menacé. Le mouvement s'étendra; on ne peut oublier qu'un grand nombre de départements sont encore, à l'heure présente, administrés par des hommes de désordre.» (T. II, *dép. Ducrot*, p. 107.)

De tous les hommes du 4 septembre, M. Jules Favre est un de ceux qui sont tombés le plus bas sous le mépris public. Les crimes de sa vie politique ont pour corollaires les désordres de sa vie privée, et on peut dire les crimes, puisqu'il commença par l'adultère et continua par des faux en matière d'état civil.

Sous l'Empire, les faits étaient connus en haut lieu. Par une indulgence regrettable à tous les points de vue, on ne voulut pas les déférer à la justice. On sait comment M. Favre en témoigna sa reconnaissance à l'Empire et à l'Empereur. C'est sous la République, alors même que M. Favre était au pouvoir, que ces faits honteux et criminels furent divulgués par le sieur Laluyer. A raison de cette divulgation, M. Jules Favre eut l'audace d'intenter au sieur Laluyer un procès en diffamation. Comme la loi ne permet pas de faire a preuve des faits allégués, M. Favre gagna nécessairement. D'ailleurs, il avoua tout, et, chose étrange, la justice ne crut pas devoir poursuivre, alors que plusieurs des faits délictueux n'étaient pas encore couverts par la prescription. C'est donc à bon droit que l'on représente dame Justice comme accablée d'infirmités : elle est boiteuse, aveugle et sourde, et il n'est pires boiteux, pires aveugles et pires sourds que ceux qui ne veulent ni marcher, ni voir, ni entendre.

PELLETAN

Celui-là est un vulgaire déclamateur ; il ne dit jamais Paris, mais *la moderne Babylone*. Il a joué dans le Gouvernement du 4 septembre un rôle assez effacé. Il touchait ses appointements sur le pied de cinquante mille francs par an, tout comme les autres Spartiates de la Défense nationale, et il ne se mêlait pas de grand'chose.

Il professait, on le conçoit, les opinions les plus optimistes à l'endroit du Gouvernement dont il avait l'honneur de faire partie. Il explique devant la commission comment s'est constituée cette parodie de gouvernement :

Il fallait présenter des noms capables d'inspirer confiance à la population de Paris, et quels pouvaient-ils être, sinon les députés qui avaient été élus à Paris à des majorités foudroyantes ? La coexistence de deux ou trois gouvernements rivaux pouvait provoquer à l'heure même les plus terribles conflits. Je crois pouvoir affirmer que le Gouvernement de la Défense nationale a coupé court à toute autre compétition, qu'il a été immédiatement acclamé par Paris. Ce n'est pas nous, en définitive, qui nous sommes nommés ; on ne fait pas à volonté un gouvernement de telle ou telle façon ; il existe d'avance dans l'opinion qui le reconnaît, l'accepte et l'acclame. Si on avait essayé d'un autre gouvernement, on se serait jeté dans de nouveaux troubles, on aurait eu la Commune avant l'heure.

M. PERROT. — La seule chose que je tenais à constater, c'est que le Gouvernement a été formé uniquement en vue de Paris.

M. PELLETAN. — Mais Paris, à ce moment, c'était la France !

M. LE PRÉSIDENT. — Oh ! nous ne pouvons accepter de telles assertions. (T. I, *dép. Pelletan*, p. 464.)

Lui aussi est préoccupé, avant tout, de l'idée d'éviter l'effusion du sang.

M. E. PELLETAN. — Je sais seulement qu'à ce moment-là notre préoccupation, comme pendant tout le siége d'ailleurs, avait été d'éviter la guerre civile et l'effusion du sang. (T. I, *dép. Pelletan*, p. 416.)

Il faut entendre, pour M. Pelletan comme pour ses collègues, que l'effusion de sang qu'ils redoutaient le plus était celle de leur propre sang. M. Pelletan possède un fils qui ressemble plus à M. Crémieux qu'à lui, et qui tient de son père cette même horreur de l'effusion du sang, au point de vue subjectif, comme diraient les Allemands.

Disciple de M. Trochu, il rêvait la force morale « appuyée sur la garde nationale. » (T. I, *dép. Pelletan*, p. 467). Même aux prises avec la réalité, il poursuivait ses chimères de liberté, soit par aveuglement, soit qu'il eût plus que ses collègues la pudeur de ne vouloir pas se dégager.

La presse trouvait, même dans ses plus extrêmes écarts, des défenseurs énergiques au sein du conseil. M. Pelletan s'opposait même à la répression demandée par M. Cresson contre les caricatures obscènes qui s'étalaient sur les murs. Il voulait laisser au dégoût seul le soin d'en faire justice. Il conjurait ses collègues, dans une autre occasion, « de ne pas ternir, par des rigueurs qui rappelleraient l'Empire, cette ère de liberté qui ferait la gloire du Gouvernement de la Défense nationale. » M. Arago se joignait à lui et menaçait de donner sa démission si les journaux étaient supprimés. (*Rapport Chaper*, p. 350.)

Cependant le général Ducrot fait ressortir les inconvénients spéciaux qui résultaient de la liberté de la presse eu égard aux circonstances exceptionnelles qu'on traversait.

Messieurs, la plus grande faute commise au début, c'est d'avoir toujours cru à l'efficacité des moyens révolutionnaires, d'avoir conservé la liberté de la presse et le droit de réunion. Il est évident que c'étaient ces messieurs qui le voulaient, comme ils avaient voulu les élections de la garde nationale mobile. Le général Trochu avait lutté, et enfin, ne pouvant pas les persuader, il s'était rendu, puisqu'il s'était fait une loi et un devoir de n'agir vis-à-vis d'eux que par la persuasion. Les nécessités de la situation, les exigences de la guerre, d'une place assiégée, donnaient parfaitement le droit de supprimer la liberté de la presse, le droit de réunion, et d'empêcher l'armement des masses populaires. Ceci est incontestable pour moi, et il est clair que, laissant la liberté de la presse et le droit de réunion intacts, on restait à la merci de la populace armée. (T. III, *dép. Ducrot*, p. 98.)

Se méfiant de ses capacités, les collègues de M. Pelletan, qui cependant n'avaient guère le droit de se montrer difficiles, ne lui confièrent aucun département spécial, de sorte qu'il n'a fait que partager une responsabilité collective.

Cette observation s'applique également à un vétéran de nos révolutions, M. Garnier-Pagès, qui, en dépit de son grand âge, fut admis à prendre sa part du gâteau gouvernemental.

GARNIER-PAGÈS

Frère d'un des chefs du parti républicain qui mourut en 1841, il recueillit son héritage politique. Car il faut remarquer que chez ces réformateurs de la société, il existe une noblesse révolutionnaire qui se transmet avec de fructueux priviléges ; il n'est pas de révolution d'où ne tire quelque profit un mortel favorisé du nom d'Arago, ou de Ferry. Nul doute que quand la valeur sera venue avec les années aux jeunes fils de MM. Pelletan et Simon, ils ne trouvent en temps d'insurrection des places dignes des noms qu'ils portent.

M. Garnier-Pagès faisait partie du gouvernement provisoire en 1848 ; i s'y était même immortalisé par son invention de l'impôt des quarante-cinq centimes; c'eût été lui faire un véritable passe-droit que de ne pas l'appeler à siéger à l'Hôtel de Ville en 1870. Dans la séance qui eut lieu le 4 septembre, à quatre heures, dans la salle à manger du Corps législatif, il fut nommé membre de la députation qu'on envoyait à l'Hôtel de Ville pour connaître les intentions du gouvernement insurrectionnel vis-à-vis du Corps législatif. Il fit à ses collègues l'observation suivante :

M. Garnier-Pagès. — Je ne puis accepter la mission dont la Chambre veut bien m'honorer, car j'ignore si, en ce moment, je ne suis pas membre d'un gouvernement provisoire. Ce que je puis faire, c'est de conduire mes collègues à l'Hôtel de Ville et de leur en ouvrir les portes à deux battants. (*Rapport Daru, Pièces justific.*, p. 515.)

Le digne homme se regardait comme membre né de tout gouvernement insurrectionnel. Cependant il accompagna ses collègues à l'Hôtel de Ville, et là, voyant son nom sur la liste du nouveau gouvernement, il les laissa et, sans mot dire, alla s'asseoir tranquillement à côté de MM. Favre, Ferry, etc. Nos lecteurs trouveront ce plaisant épisode au chapitre de M. Ferry, auquel se rattache la déposition de M. Johnston.

Il va sans dire que M. Garnier-Pagès professait sur les armées permanentes les mêmes théories que ses coreligionnaires ; il s'écriait, le 21 décembre 1867, en interrompant le rapporteur de la loi sur l'armée :

Donnez la liberté au pays et vous pourrez désarmer.

Et plus tard :

Donnons l'exemple du désarmement, toutes les nations nous imiteront.

Il disait encore dans la séance du 24 décembre 1867.

Ce sont les levées en masse qui, seules, ont glorieusement sauvé le pays...

Ce n'est pas (comme on l'a dit) malgré la levée en masse, mais par la levée en masse que le pays a été sauvé. — En 1812, en 1813, en 1814, c'est la levée en masse qui a également sauvé la Prusse. — *Lorsque nous avons fait la levée en masse,* nous avons vaincu les Prussiens et *nous sommes allés à Berlin;* lorsque les Prussiens ont fait la levée en masse, ils sont venus à Paris. — *Voilà les faits...* Chaque puissance, à son tour, vient nous affirmer que l'influence matérielle, l'influence de la force armée est la seule puissance. Moi je viens vous dire que l'influence *seule toute-puissante,* c'est l'influence morale, c'est l'influence des idées, c'est l'influence des principes, influence qui groupe tout le monde lorsqu'il faut défendre un droit ou repousser l'ennemi du territoire. (*Rapport Daru, Pièces justific.,* p. 4.)

Le désarmement était la marotte de ces hommes, qui, depuis, ont reproché avec autant de violence que d'injustice à l'Empire de n'avoir pas été suffisamment armé en 1870.

Pour donner une idée de l'état intellectuel de ce peu vénérable débris de la révolution, nous allons citer le début de sa déposition devant la commission d'enquête. On remarquera l'aplomb avec lequel il débite ces hallucinations. La police est la terreur des républicains et des voleurs, elle obsède les imaginations également malades de ces deux catégories d'individus.

Il faut croire que ce dévergondage d'idées n'a pas déplu à la commission, car il ne s'est trouvé personne pour rappeler M. Garnier-Pagès au sérieux.

Il y avait sous l'Empire cinq polices : la police de Piétri, conduite par Lagrange, qui est en prison en ce moment (1), et qui a la clef de toutes les provocations faites avant, pendant et depuis notre gouvernement ; la police du château des Tuileries ; la police du ministre de l'intérieur ; la police personnelle de M. Rouher et la police du prince Napoléon. Ces cinq polices se contrecarraient quelquefois, mais elles marchaient en harmonie le plus souvent. (T. I, *dép. Garnier-Pagès*, p. 438.)

Au 31 octobre, pris dans le traquenard de l'Hôtel de Ville avec ses collègues, il voulut essayer sur les républi-

---

(1) En effet, M. Lagrange était alors en prison dans les circonstances suivantes. C'était en juin 1871, sous le règne de M. Thiers. M. Lagrange connut la retraite de Félix Pyat, qui restait caché dans Paris après la Commune ; il alla à Cambden-Place prendre les ordres de l'Empereur à ce sujet ; l'Empereur lui dit qu'il n'y avait pas à hésiter et qu'il y avait là un devoir social qui devait faire taire les répugnances de M. Lagrange à rendre un service au gouvernement républicain.

Aussitôt M. Lagrange se rendit à Versailles ; il alla trouver le préfet de police, le général Valentin, qui faisait oublier par son écœurante bassesse à l'égard de M. Thiers l'excès de la servilité dont il avait naguère fatigué l'Empereur. « Je viens, lui dit-il, vous révéler la retraite de Félix Pyat. » Là-dessus, M. Valentin feignit un grand courroux ; il apostropha brutalement M. Lagrange, ne voulut rien écouter et le fit arrêter séance tenante. M. Lagrange fut gardé au secret pendant plusieurs semaines et relâché sans motif, comme il avait été arrêté sans raison. Du moins, et la raison et le motif qu'on peut deviner, c'est qu'il fallait laisser à M. Félix Pyat le temps et les moyens de s'échapper.

cains qui préludaient à la Commune l'effet de ce que M. le comte Daru appelle complaisamment *sa parole honnête.*

M. Garnier-Pagès veut alors parler. Il avait cette confiance que sa parole honnête n'était pas sans puissance pour apaiser les agitations populaires ; il aimait à haranguer. Il essaye de monter sur la table autour de laquelle tournoyaient plus de deux cents personnes, se bousculant, se pressant, chacun voulant parler et personne ne voulant écouter.

M. Garnier-Pagès cherche à escalader la table ; il y parvient avec peine.

« Citoyens, dit-il, j'ai assisté à trois révolutions, celle de 1830, celle de 1848 et celle de...

« — Allons, pas de cours d'histoire, dit un interrupteur.

« — Faites-le rentrer dans son faux-col, » dit un gamin perché sur le fût d'une colonne.

Et l'auteur des trois révolutions fut réduit au silence, étonné de ne pas rencontrer dans ce public les égards auxquels son âge et ses services devaient à ses yeux lui donner droit. (*Rapport Daru,* p. 194.)

De plus grotesque, il n'y avait guère, on le voit, que MM. Crémieux et Glais-Bizoin.

Mais dans ces terribles moments, les plus fantoches tournaient au tragique. L'homme au faux-col ne rêvait qu'hécatombes. A la date du 26 décembre, il se plaignait « qu'on craignît de perdre trop de monde » (*sic*), et il ajoutait :

« L'on n'a pas songé que les grands sacrifices d'hommes produisent d'ordinaire un redoublement d'enthousiasme que ne font pas naître des pertes restreintes et des actions moins meurtrières. » Aussi veut-il avant tout de l'audace. (*Rapport Chaper*, p. 238.)

Par une application bien entendue des immortels principes de 89, il avait fait donner à son gendre, le sieur Dréo, avocat sans cause, l'emploi lucratif de secrétaire du Gouvernement provisoire.

On raconte qu'en accordant sa fille à ce M. Dréo, il lui tint ce langage : « Songez que vous entrez, dans la famille d'un homme qui a été plus que roi de France, membre du Gouvernement provisoire en 1848 !...»

JULES SIMON

De son vrai nom il s'appelle *Suisse*, mais on sait par l'exemple de M. Jules Favre quelles libertés prennent les républicains avec l'état civil. Celui-ci a préféré le nom de Simon, et il n'a pas craint, au mépris des lois, d'apposer ce pseudonyme de fantaisie au bas des actes authentiques les plus importants.

Sous l'Empire, il frayait avec les révolutionnaires les plus ardents. Le sieur Fribourg, trésorier de l'*Internationale*, déposant devant la commission d'enquête sur la Commune, dit spontanément : « Eh! mon Dieu ! il y avait bien d'autres que des ouvriers parmi nous : *il y avait M. Jules Simon, inscrit sous le n° 606.* » Interrogé sur ce fait par M. le comte Daru, M. Simon fit la réponse suivante :

Je vous dirai que si vous m'aviez fait cette demande le lendemain de la déposition de M. Fribourg, je vous aurais répondu que je n'en savais rien du tout. Mais je suis mieux informé maintenant, par suite de deux communications que j'ai reçues à ce sujet. Il faut vous dire, messieurs, qu'il est venu chez moi en tout temps beaucoup de personnes me demander de l'argent, et que j'en donnais beaucoup, eu égard à la petite caisse dans laquelle je puisais. Il était bien rare qu'on vînt me demander de l'argent sans que j'en donnasse, quoique très-peu à la fois, par la meilleure de toutes les raisons. Je vous rappellerai aussi qu'un certain nombre d'entre nous, — il y a plusieurs de nos collègues que je pourrais citer, comme MM. Say, Wolowski, et Passy et beaucoup d'autres, — nous avions fait une association internationale des sciences économiques, qui a tenu des congrès assez célèbres. Il y en a eu à Bruxelles plusieurs, en Suisse, en Italie, à Glascow, etc. C'était une manière de causer, de se promener, d'assister à quelque fête, et pour quelques-uns d'augmenter la brochette de leurs décorations. Il est sorti de ces promenades économiques, des discussions brillantes et des travaux importants. Or, un jour on est venu me dire : « Les ouvriers forment une association de même nature ; ils veulent étudier comme vous les questions économiques, faire comme vous un congrès. Mais pour aller en Belgique, où le congrès doit se tenir, nous avons besoin qu'on nous facilite le voyage. » C'était M. Fribourg qui me parlait ainsi. De l'association internationale qui est devenue l'agence universelle des grèves, il ne m'en parlait pas, et ne pouvait pas m'en parler, car si elle est sortie plus tard de ce congrès et de quelques autres, personne ne s'en doutait alors ; personne ne pouvait le prévoir, pas même lui. Il paraît que je donnai vingt francs, et depuis cette époque, qui remonte à cinq ou six ans, j'avais vu naître l'Internationale sans me rappeler ce détail et sans établir aucune corrélation entre mes pauvres vingt francs et la redoutable société qui commençait à troubler les ateliers et le monde. (T. I, *dép. J. Simon*, p. 495.)

On appréciera à leur valeur les dénégations de M. Simon. Une autre déposition le montre agissant, sous l'Empire, en digne membre de l'Internationale :

Je me rappelle qu'un jour j'étais sorti de mon quartier pour aller à Pantin. Je sus que M. J. Simon était dans une réunion publique où, comme d'habitude, il excitait contre les patrons les ouvriers de la localité. (T. II, *dép. Frère*, p. 260.)

Et plus loin :

M. LE PRÉSIDENT. — Ainsi, vous constatez que, dans les réunions publiques auxquelles vous avez assisté, vous avez entendu MM. Jules Simon, Arago et J. Ferry prêcher aux soldats l'indiscipline, aux ouvriers la haine des patrons ?...

M. FRÈRE. — On disait aux ouvriers que les patrons s'enrichissaient avec leurs salaires, et on les poussait à s'associer pour se rendre indépendants. (T. II, *dép. Frère*, p. 261.)

Les relations de M. Simon avec les démagogues les plus

violents sont encore attestées par la déposition suivante de
M. Josseau, député au Corps législatif :

Dans un moment où M. Jules Simon discutait avec
M. Buffet, la porte s'ouvrit et laissa voir la figure, assez
rude d'aspect, d'un homme qui faisait mine d'entrer. Sur
un signe énergique de M. le président, cet homme re-
ferma la porte et se retira. Au bout de quelques minutes,
le même individu reparut et demanda résolûment à parler
à M. Jules Simon. Notre collègue sortit aussitôt, et, rentrant peu d'instants après, il nous dit : « Il ne s'agit plus
de discuter longtemps. Hâtons-nous ! On va à l'Hôtel de
Ville ; je crains bien que ce ne soit une révolution qui s'o-
père en ce moment... »

La proposition de M. Thiers était adoptée. Nous nous
levâmes, laissant à M. Martel quelques minutes pour la
rédaction de son très-court rapport ; nous sortîmes dans
le couloir.

Là, M. Jules Simon fut rejoint par le même individu,
qui paraissait l'avoir attendu, et nous rencontrâmes aussitôt M. Thiers. Nous lui rendîmes compte de l'adoption
de sa proposition. C'est alors que l'homme qui accompagnait M. Jules Simon, et que j'ai su depuis être Régère,
intervint dans l'entretien et nous dit, en tirant sa montre :
« Le peuple a donné deux heures à la Chambre pour faire
un gouvernement. Il est trois heures un quart. Il est trop
tard ! » Et comme M. Thiers, indigné de ce langage, pro-
testait vivement, Régère lui dit, en lui posant la main sur
le bras : « Allons, allons ! monsieur Thiers, ne vous fâchez
pas ; vous savez bien comment se renversent les gou-

vernements, vous qui en avez renversé deux ou trois ! »
M. Thiers réclamant de nouveau, Régère reprit : « Eh
bien ! soit, vous en avez renversé un et vous avez laissé
renverser les deux autres. » Après avoir dit ces mots,
Régère nous quitta, entraînant avec lui M. Jules Simon.
M. le comte Daru était présent à ce colloque. Je fais appel
à ses souvenirs.

M. LE PRÉSIDENT. — Tout cela est parfaitement
exact.

M. JOSSEAU. — Maintenant je dois vous dire comment j'ai su depuis que cet homme était Régère.

Lorsqu'il comparut devant le conseil de guerre avec un
grand nombre de coaccusés, M. Jules Simon fut appelé
comme témoin. Je lus cette partie du débat dans un
journal et j'y vis que Régère, interpellant le témoin, lui
avait dit : « Ne vous rappelez-vous pas que, le 4 septembre, je suis allé vous trouver au sein même de la commission dont vous faisiez partie? » M. Jules Simon nia le
fait, ou du moins déclara n'en avoir gardé aucun souvenir. Mais, frappé de cette interpellation, je voulus m'assurer si Régère était bien l'homme qui était venu chercher
M. Jules Simon à la commission, pour l'emmener sans
doute à l'Hôtel de Ville. J'assistai donc à l'une des séances
du conseil de guerre; j'y vis Régère, et il me parut bien
être celui qui avait eu le colloque que j'ai rapporté précédemment avec M. Thiers. L'appel qu'il avait fait aux souvenirs de M. Jules Simon ne peut d'ailleurs me laisser aucun doute à cet égard. (T. IV, *dép. Josseau*, p. 339.)

M. Simon s'était attribué le portefeuille de l'instruction

publique. On devine dans quel esprit il gérait ce ministère. Sa femme, protectrice de la fille Michel, institutrice libre penseuse, depuis déportée, s'en allait dans les écoles de Saint-Denis, avec la femme du sieur Mottu, décrocher les crucifix et insulter les religieuses. Le susdit Mottu, bon républicain, fut condamné depuis, pour escroquerie, par le tribunal de police correctionnelle. Pendant le siége, il s'appropriait les traitements des instituteurs ecclésiastiques chassés par lui, et auxquels il substituait des laïques. Voici là-dessus une déposition curieuse :

J'ai écrit à M. Mottu pour lui réclamer notre petit traitement; il a répondu qu'il n'avait rien à nous donner. Il avait 3,000 francs, que la ville lui avait remis pour cela, mais il les a gardés; seulement, la ville nous a indemnisés plus tard. (T. IV, *dép. du frère Dagobertus*, p. 526.)

Pris avec ses collègues, au 31 octobre, par les blanquistes, M. Simon fut un des plus épouvantés.

Enfin, il y en eut qui montèrent sur la table; je puis citer M. Flourens, qui présidait en se promenant sur cette table, foulant les encriers avec ses bottes fortes. Il y avait aussi un homme furibond qui poussait à toutes les motions sanguinaires, et, en sa qualité de tambour, accompagnait d'un roulement chacune de ses motions. *C'était 93 ressuscité;* c'était, par anticipation, la Commune du mois d'avril. (T. I, *dép. Jules Simon*, p. 497.)

Il développe devant la commission, dans les mêmes termes que les autres hommes du 4 septembre, leur fameuse théorie sur les prétendus inconvénients d'une répression énergique.

Notre préoccupation constante pendant le siége a été d'éviter à tout prix l'effusion du sang dans Paris ; nous savions que nous avions la Commune devant nous, qu'elle était toute prête et cherchait à nous renverser ; nous voulions la contenir, l'empêcher de venir à ses fins, mais cela sans effusion de sang. Paris ne pourrait pas supporter une bataille dans les rues, et si cette bataille s'engageait, les Prussiens entreraient immédiatement dans Paris. Notre préoccupation constante était donc que si le sang venait à se répandre dans les rues de Paris, c'était l'entrée de l'ennemi dans nos murs. (T. I, *dép. Jules Simon*, p. 498.)

Cette considération, que d'ailleurs rien ne justifie, n'a pas arrêté, au 22 janvier, le « généreux » Chaudey, qui fit très-délibérément tirer sur ses frères égarés, lesquels voulaient derechef essayer de *quatreseptembriser* les hommes du 4 septembre. Les frères s'en souvinrent sous la Commune, et le « généreux » Chaudey eut alors l'honneur immérité, mais dont il se fût fort bien passé, d'être égorgé avec d'illustres martyrs, victimes plus intéressantes que lui des républicains du 18 mars.

Ce même M. Simon, qui fait du 31 octobre un si noir tableau, refusa de laisser poursuivre les coupables et déclara qu'en cas de poursuite il donnerait sa démission. (*Rapport Daru*, p. 238.)

En 1867, il avait débité au Corps législatif les mêmes extravagances que ses compères de l'opposition.

Séance du 19 décembre 1867.

M. Jules Simon. — ...... Je ne suis pas partisan

des armées permanentes, ni surtout des armées nombreuses... Il n'y a pas un seul de vous, messieurs, qui ne pense avec moi que, le danger étant imminent pour le pays, ce n'est pas seulement la garde mobile qui doit aller sur le champ de bataille offrir sa poitrine à l'ennemi, que ce ne sont pas seulement les hommes de vingt-cinq à trente ans, mais tous les citoyens, les vieillards, les magistrats, que nous tous, nous devons marcher à la frontière.

... Le moyen de faire de nos soldats les premiers soldats du monde, si vous ne le savez pas, moi je le sais.

Voix diverses. — Ah! ah!

M. JULES SIMON — Oui, messieurs, je le sais. — Ce qui fait le soldat indomptable, c'est la cause qu'il soutient.

Voilà les événements de Sadowa, qui, l'année dernière, ont trompé les prévisions des plus habiles généraux. Eh bien ! je suis allé sur les lieux étudier les causes morales de la victoire, et en voici une que je vous apporte : c'est qu'il y avait, dans certaines parties de l'armée autrichienne, comme un sentiment inconscient de l'utilité pour elles d'être vaincues... (Réclamations et rumeurs.) Et quand je leur ai dit : « Vous paraissez vous plaindre de n'avoir pas été assez battus à Sadowa, » il y en a qui m'ont répondu : « Oui! » (Nouvelles rumeurs.)

Un membre en face de l'orateur. — C'étaient des patriotes! (*Rapport Chaper, Pièces justific.*, p. 1.)

Dans la séance du 23 décembre, il développait des idées tout aussi sensées et non moins patriotiques.

M. le baron Vast-Vimeux. — Il n'y a pas d'armée sans esprit militaire.

M. Jules Simon. — Vous me faites l'honneur de me dire qu'il n'y a pas d'armée sans esprit militaire. Je comprends parfaitement votre interruption, je l'accepte. S'il n'y a pas d'armée sans esprit militaire, *je demande que nous ayons une armée qui n'en soit pas une...*

C'est précisément pour *ne pas avoir une armée* dans le sens qu'on attache à ce mot, c'est-à-dire une armée *ayant l'esprit militaire*, que nous demandons sans ambages, vous le voyez, de *supprimer l'armée permanente* et d'armer la nation entière, de la rendre, je répète le mot, invincible au dedans et *incapable de faire la guerre au dehors...*

Je regarde comme inutile de faire le procès aux armées permanentes, qui ne sont, même pour leurs défenseurs, qu'un mal nécessaire.

Nous demandons que la nation soit armée tout entière, que l'armée permanente soit à jamais supprimée. *(Rapport Chaper, Pièces justific., p. 4.)*

Cet ennemi du militarisme s'avisa, après la désastreuse bataille de Buzenval, de réunir des militaires de divers grades au ministère de l'instruction publique et de leur demander d'assumer la responsabilité d'une nouvelle action.

M. Jules Simon, M. Ernest Picard, et peut-être un troisième membre du Gouvernement, avaient obtenu du conseil, c'est-à-dire du Gouvernement lui-même, l'autorisation d'appeler un certain nombre d'officiers de différents grades pour leur demander leur opinion sur la direction des opérations militaires, et ils étaient autorisés à leur offrir le commandement de l'armée de Paris. C'est à ce moment que le général Trochu donna sa démission.

Les membres du Gouvernement étaient résolus à destituer le général Trochu du commandement en chef et à lui laisser seulement le gouvernement de Paris. Ils ne trouvaient pas, parmi les officiers généraux qui étaient sous les ordres du général Trochu, des qualités suffisantes pour diriger les opérations militaires; c'était une opinion de ces messieurs. Ils imaginèrent alors d'offrir le commandement en chef à des officiers inférieurs, à des colonels, à des chefs de bataillon, à des capitaines; ils l'auraient même offert à un caporal, s'ils avaient cru trouver dans un caporal des garanties suffisantes. C'était là un sentiment que partageaient certains membres du Gouvernement de la Défense nationale, et ils ont fait beaucoup de démarches pour le faire prévaloir, ils se sont adressés aux officiers de grades inférieurs. (T. I, *dép. Le Flô*, p. 633.)

Au grand regret de messieurs de la Défense nationale. les officiers consultés furent unanimes sur la folie qu'il y avait à vouloir livrer une nouvelle bataille.

Envoyé à Bordeaux après l'armistice pour mettre un frein à l'ardeur belliqueuse de M. Gambetta, qui avait fini par prendre au sérieux la parodie de Danton, qu'il jouait depuis quelques mois, et refusait de tenir compte de l'armistice conclu par ses collègues de Paris, M. Simon se montra plus que prudent. Il n'avait pas, malgré les offres de service que lui avait faites M. Dalloz, fait insérer à l'*Officiel* les décrets dont il était porteur.

Ma conduite a donc été des plus correctes ; M. Jules Simon n'a jamais voulu prendre la responsabilité de m'envoyer un ordre officiel. C'est ce que je tenais à bien préciser. (T. IV, *dép. Dalloz,* p. 395.)

Nous lisons ce qui suit dans la déposition de M. Jules Simon :

J'ai suivi le même système à Bordeaux. J'avais amené avec moi mon fils aîné, avec la permission du général Le Flô, car il s'était engagé pour le temps de la guerre ; je lui donnai, pour la circonstance, le titre de secrétaire, en ajoutant dans la nomination, sur sa demande expresse, qu'il ne toucherait ni traitement ni indemnité. (T. I, *dép. Jules Simon,* p. 507.)

Nous voudrions croire que l'allégation de M. Simon au sujet de la gratuité du service fait par son fils auprès de lui, est plus vraie que ce qu'il dit de l'engagement de ce jeune homme dans l'armée.

Nous avons démontré dans le journal *le Pays,* en nous référant aux dates maladroitement invoquées par le fils Simon, que ce jeune brave, loin de s'être engagé volontairement, s'était fait mettre en congé par le ministre de la guerre de ce temps, le général Le Flô, un revenant de 48 (1), et *s'est soustrait durant le siége à tout service militaire* (2).

(1) M. Le Flô fut envoyé, par M. Thiers, en ambassade à Saint-Pétersbourg. Il y est encore, on l'y a sans doute oublié. M. Le Flô se cramponne à une place bien rétribuée avec la ténacité particulière aux républicains.

(2) M. Dugué de la Fauconnerie a reçu la lettre suivante :

« *A Monsieur le Directeur politique de* l'Ordre.

« Monsieur,

« Je lis, ce soir, dans votre estimable journal, un article touchant le

M. Simon fut un des derniers hommes du 4 septembre qui aient abandonné le pouvoir, et son attachement à son portefeuille lui valut des railleries sanglantes. Elles laissèrent d'ailleurs imperturbable ce philosophe, qui très-certainement appartient à le même secte que Diogène.

fils de Jules Simon, qui sut, en 1870, se soustraire à la loi du recrutement et, par conséquent, aux devoirs y afférents.

« Il y a longtemps que l'on parle de M. Simon fils (Charles-Jules), et toutes les fois que je lis quelque chose *ad hoc*, cela me fait bondir; vous allez en juger :

« A 10 heures 35 minutes du soir, le 2 septembre 1870, je sortais de mon bureau; je faisais tout mon possible pour avoir des nouvelles du théâtre de la guerre, je me disposais même à aller place Beauvau, au ministère de l'intérieur, lorsqu'on me dit que M. Jules Simon, étant allé aux informations, allait rapporter des nouvelles officielles.

« Force nous fut d'attendre; après une demi-heure d'angoisses, M. Jules Simon arriva en calèche découverte place de la Madeleine, où il fut bientôt arrêté par l'affluence des curieux (bien intéressés, sans doute); nous le conduisîmes alors devant la porte de son domicile, et là, montant sur le siége pour être mieux entendu de la foule, il s'écria :

« Citoyens,

« N'est-il pas vraiment honteux et pénible, pendant que les plus « sanglantes batailles se livrent, de n'avoir aucune nouvelle de nos « enfants qui, peut-être, à l'heure qu'il est, meurent pour la pa- « trie ?

« *J'ai deux fils sous les drapeaux; ils sont en face de l'ennemi,* « *et j'ignore leur sort, etc.* »

« Je vous garantis, monsieur, sous la foi du serment, l'authenticité des paroles que je reproduis et qui sont soulignées.

« Du reste, si M. Jules Simon (père) voulait les nier, je saurais produire un témoin qu'il ne saurait ni ne pourrait récuser.

« Pardonnez, monsieur le directeur, au décousu de ma lettre, mais l'indignation déborde à la pensée de tant d'impudence et de lâcheté.

« Je suis, avec le plus profond respect, monsieur, votre très-humble et très-obéissant serviteur. »

Cette lettre est signée, bien entendu; mais la position qu'occupe celui qui nous l'envoie nous impose l'obligation de ne point divulguer son nom. — Nous affirmons, du reste, l'authenticité de cette lettre, dont nous acceptons l'entière responsabilité. — (*L'Ordre*, du samedi 21 mars 1874.)

EMMANUEL ARAGO

De bonne noblesse républicaine, M. Arago était destiné, en dépit des idées égalitaires professées dans son parti, à occuper de grandes places en temps de révolution : son nom devait lui tenir lieu de mérite. Il ne faut d'ailleurs rien exagérer, et l'intelligence de M. Arago (Emmanuel) n'est pas sensiblement inférieure à celle de MM. Raspaïl, Glais-Bizoin, ou Garnier-Pagès.

Durant l'envahissement du Corps législatif au 4 septembre, M. Arago fit prévenir l'homme qui allait déshonorer son nom en l'accolant à ceux des chefs de l'émeute.

A ce moment, je vis M. Emmanuel Arago, vivement ému, se pencher sur la balustrade de cet escalier et s'écrier : « Allez chercher le général Trochu ! vite ! qu'on aille chercher Trochu ! » (T. IV, *dép. Josseau*, p. 339.)

M. Arago avait remplacé au ministère de la justice M. Crémieux, quand celui-ci fut envoyé à Tours comme délégué du gouvernement de la défense nationale. Il signala son passage à ce ministère en soulevant le scandale de l'affaire Devienne. Les faits sont trop connus pour que nous ayons besoin d'y revenir. Nous rappellerons toutefois que M. le président Devienne remonta sur son siége, après que les chambres assemblées de la Cour de cassation eurent publiquement reconnu l'inanité des calomnies qu'avait prétextées un garde des sceaux de rencontre pour destituer, en violant la loi, le premier en grade des magistrats inamovibles.

Devant la commission d'enquête, M. Arago a l'impudence de maintenir ses imputations diffamatoires.

J'avoue d'ailleurs franchement que les explications présentées depuis lors ne m'auraient pas semblé satisfaisantes. J'aurais éprouvé le chagrin de ne pouvoir pas les admettre. (T. I, *dép. Arago*, p. 459.)

Les membres de la commission ont laissé passer ces paroles sans adresser à M. Arago la moindre observation. Il est vrai qu'il s'agissait d'un magistrat qui avait fourni sous l'Empire la partie la plus brillante de sa carrière, crime irrémissible pour des orléanistes.

Après le 31 octobre, il vota dans le conseil du gouvernement contre l'arrestation de Delescluze. (*Rapport Daru*, p. 356.)

Quand il s'agit de discuter l'armistice, il imita la conduite de M. Ferry.

MM. Arago et J. Ferry ne prirent point part à cette discussion ; ils se bornèrent à décliner toute participation à un acte qui n'était au fond, disaient-ils, qu'une capitulation ; ils ne pouvaient pas se résigner à en prendre la responsabilité. (*Rapport Daru*, p. 370.)

Cela s'explique : M. Arago était un de ces braves qui, les pieds sur leurs chenets, prêchaient la lutte à outrance. Il voulait la *sortie torrentielle*.

Oui, quand nos généraux, dont je sais la bravoure, nous démontraient tous l'impuissance de leur savante stratégie contre les batteries des armées allemandes qui nous couvraient de feu, je ne cessais de vouloir, en m'offrant le premier, une sortie énorme de trois cent mille combattants!...

Vous souriez, messieurs... (T. I, *dép. Em. Arago*, p. 459.)

On eût souri à moins. M. Chaper, dans son rapport, a la bonté de démontrer l'absurdité de ce projet. Il va sans dire que M. Arago, qui *s'offrait le premier* pour cette hécatombe, ne s'est jamais risqué à un avant-poste.

A la date du 26 décembre, M. Arago, en demandant sa sortie torrentielle, professait des idées bizarres sur les conditions requises pour faire un bon général.

M. E. Arago ne veut pas remplacer le général Trochu ; la première condition, suivant lui, à exiger d'un général en chef, « c'est une profession de foi républicaine. » (*Rapport Chaper*, p. 239.)

Nul doute que dans le programme d'examen d'un Saint-Cyr à la mode de ces messieurs, on ne fasse figurer la « profession de foi républicaine. »

JULES FERRY

Fruit sec du barreau, fruit sec du journalisme, M. Ferry devait trouver dans l'exploitation intelligente de la démagogie, une compensation à ces divers mécomptes. Sous l'Empire il avait dû se résigner à n'être, au Corps législlatif, qu'une doublure de M. Jules Favre. Une brochure, dont tout l'esprit était dans le titre, porta à son comble sa fortune politique : à la fin de l'Empire, on disait dans le monde des réunions publiques : Le *citoyen* Ferry ; l'ancien rédacteur du *Temps* n'avait donc pas perdu ses peines.

Il est permis de croire que M. Ferry se moquait des honorables membres de la commission d'enquête, quand il leur disait :

Je ne crains pas de dire que la première origine du 4 septembre est dans le plébiscite de mai 1870.

Et il ajoutait, sans doute pour donner plus de sel à cette plaisanterie :

Ce n'est pas là un paradoxe. (T. I, *dép. Jules Ferry*, p. 373).

Dans la bouche de ce beau diseur, le 4 septembre se réduit aux proportions d'une aimable bucolique.

Il y avait dans la foule du 4 septembre une exubérance de contentement qu'il est permis de trouver un peu puérile. Toute cette population s'imaginait que, par cela seul que l'Empire n'existait plus et que le pays allait se gouverner lui-même, le pays était sauvé. Nous avons fait le chemin depuis le Corps législatif jusqu'à l'Hôtel de Ville, au milieu du peuple armé, mais il y avait des fleurs aux fusils, des guirlandes ; c'était un air de fête dans la cité ; jamais révolution ne se fit avec une telle douceur ; nous rencontrions les omnibus qui continuaient à circuler, et ceux qui s'y trouvaient nous saluaient gaiement. (T. I, *dép. Jules Ferry*, p. 381).

5.

Il faut auss l'entendre raconter comment ils composèrent ce fameux gouvernement de la défense nationale.

A ce moment, nous eûmes une inspiration que je crois
heureuse. Nous nous dîmes : Voilà toutes sortes de gens
qui feront du gouvernement qui succède au gouvernement impérial quelque chose d'odieux ou de grotesque,
et qui achèveront de perdre l'honneur du pays, il ne faut
pas qu'ils touchent au pouvoir. Mais il y a des députés
de Paris ; Paris sent que l'étranger s'approche. Paris est
en quelque sorte fondé à se donner à lui-même, ne fût-ce
qu'un gouvernement municipal. Eh bien, puisqu'il a ses
mandataires élus, le gouvernement nouveau doit être
exclusivement composé des mandataires élus de Paris.

. . . .

. . . . Un remous populaire
considérable se produisit, c'était M. Rochefort qu'on venait de chercher dans sa prison. Nous avions posé la règle, et bien que nous eussions eu avec M. Rochefort beaucoup de difficultés, car il nous avait attaqués les uns et
les autres dans son journal, nous n'hésitâmes pas un
instant, et plus tard M. le général Trochu n'hésita pas
non plus à comprendre que, comme le dit dans la soirée
même M. Jules Favre à ses collègues réunis au Corps législatif, il valait mieux qu'il fût dedans que dehors. Ainsi
la règle salutaire qui constituait une barrière : un gouvernement composé des élus de Paris, se trouva obser-
vée et acceptée par tout le monde. (T. I, *dép. Ferry*,
p. 383.)

On a vu qu'une députation avait été envoyée au gouvernement de l'Hôtel de Ville par les membres du Corps législatif qui, dans l'après-midi du 4 septembre, s'étaient réunis dans la salle à manger du palais de la Présidence. Cette députation manifesta la confiance que les représentants de la France ne seraient pas écartés de la direction des affaires et que leur dispersion brutale accomplie par l'émeute ne recevrait pas la sanction du nouveau gouvernement. M. Johnston a raconté cette scène, à la fin de laquelle M. Garnier-Pagès a joué un rôle des plus comiques.

Alors M. Jules Ferry, prenant vivement la parole, nous dit : « Messieurs, gardez-vous de nourrir des illusions à cet égard. Le gouvernement actuel est parfaitement décidé à ne pas tolérer les débats stériles du Corps législatif. Vous pouvez, si tel est votre désir, vous réunir *à vos risques et périls*, dans quelques bureaux de la Chambre, ou ailleurs ; mais, pour ce qui est d'avoir des réunions générales dans la salle des séances, il n'y faut pas songer ; nous n'en voulons pas, et loin de nous y prêter, nous les empêcherons. Par conséquent, il est tout à fait inutile de nous demander d'assurer la liberté de vos délibérations dans de telles conjonctures. »

Sur ce, nous primes congé de ces messieurs. Mais alors il se passa un fait qui peut intéresser la commission. M. Garnier-Pagès s'étant adjoint librement à ceux des députés qui protestaient contre l'envahissement de la salle des séances, était avec nous à l'hôtel de la Présidence. Lors de notre réunion, il avait été désigné pour faire partie de la députation chargée de porter à MM. Jules Favre et autres la protestation de leurs collègues. Il était au milieu de nous pendant l'entretien dans lequel MM. Grévy et Favre avaient pris successivement la parole. Durant cette entrevue, M. Guyot-Montpayroux était entré dans le cabinet où cette conversation avait eu lieu. Il était porteur d'un projet de proclamation qu'on a pu lire le lendemain au *Journal officiel de la République*, et où les faits du jour étaient travestis complétement. Au nom du gouvernement qui se disait institué par l'acclamation populaire, on y affirmait des choses entièrement inexactes dont j'aurai occasion de vous parler tout à l'heure. Pour revenir à l'incident curieux que je veux d'abord vous faire connaître, M. Garnier-Pagès s'était tenu, comme je l'ai dit, avec nous debout auprès de la table autour de laquelle étaient assis ces messieurs. Pendant que M. Jules Favre lisait le *factum* apporté par M. Guyot-Montpayroux, M. Garnier-Pagès aperçut probablement son nom figurant au bas de la proclamation, et sur-le-champ, sans hésiter, sans dire un mot, il s'assit auprès de ces messieurs et devint ainsi, sans plus de formalités, membre du nouveau gouvernement. Si bien que lui, qui était arrivé avec nous pour porter à des collègues l'expression des sentiments de la grande majorité du Corps législatif, qui avait librement et ouvertement accepté la situation que cette mission lui faisait, nous abandonna tout à coup et définitivement. (T. II, *dép. Johnston*, p. 288.)

Au 31 octobre, M. Ferry, qui était resté libre, voulut secourir ses collègues retenus prisonniers dans l'Hôtel de Ville; mais il avait ses raisons pour ménager les insurgés. C'est dans ce but qu'il tint la conduite suivante.

Vers dix heures du soir, vingt-cinq bataillons étaient réunis place Vendôme. M. Roger (du Nord), avait été désigné pour en prendre le commandement, mais M. Jules Ferry, comme membre du gouvernement, réclama l'honneur de marcher à leur tête, et les dirigea sur l'Hôtel de Ville, qu'il investit. (*Rapport Daru*, p. 212.)

M. Ferry appréhendait que M. Roger (du Nord), ne montrât pas aux précurseurs des communards toute la mansuétude que lui Ferry leur témoigna en cette occurrence.

Nous lui laissons raconter une anecdote qui se termina par un trait donnant la mesure de la bouffonnerie toujours mêlée aux commotions populaires les plus tragiques.

Nous arrivons sur la place, nous entourons l'Hôtel de Ville, et croyant choisir un bon point d'attaque, nous frappons à la porte qui donne sur la place Lobau. La porte, bien entendu, était gardée, et l'on surveillait notre arrivée. Nous avons su, depuis, qu'un décret avait été rendu par le nouveau gouvernement qui venait de se constituer, enjoignant aux citoyens fumistes de monter sur les toits pour reconnaître les positions de l'ennemi. (T. I, *dép. Jules Ferry*, p. 397)

M. Ferry n'eut rien de plus pressé que de transiger avec les émeutiers.

C'est alors que M. Jules Ferry, avec une autre personne, se mit en communication avec Delescluze, Adam, je ne sais qui encore ; il entra en pourparlers, et il fut conclu une transaction que, pour mon compte, je trouve déplorable.

On finissait par accepter toutes les conditions posées par les insurgés, alors qu'on était maître de la situation, et voilà, messieurs, où recommence mon rôle direct.

Je me trouvais dans le bureau du gouverneur, lorsqu'une personne, envoyée par M. Jules Ferry, apporta au général Trochu la nouvelle qu'on avait transigé avec les insurgés, qu'on allait mettre les membres du Gouvernement de la Défense en liberté, à condition qu'on leur promettrait que les élections de la Commune auraient lieu et que tout le programme serait rempli. Je me récriai, je dis : « Mais ce n'est pas possible, M. Jules Ferry a outre-passé ses pouvoirs ; il n'est pas possible qu'on ait accepté de pareilles conditions. Quant à M Jules Favre et aux autres membres du Gouvernement qui s'étaient trouvés sous les menaces de la foule, leur engagement est de nulle valeur, parce qu'il a été imposé par la violence. Il faut faire dire à M. Jules Ferry que l'on considère ces engagements comme nuls et non avenus. » Cela n'empêcha pas que ces conditions fussent acceptées par M. Jules Ferry. (T. III, *dép. Ducrot*, p. 90.)

Chose à peine croyable, M. Ferry alla jusqu'à faire restituer aux insurgés les armes qu'on leur avait prises.

M. LE COMTE DE RESSÉGUIER. — Comment ! on leur remit leurs armes ! Probablement on leur promit qu'on les leur rendrait ?

M. LE GÉNÉRAL DUCROT. — Pardon, on remit les

armes à ce ramassis de gredins, d'étrangers, d'Italiens que vous avez vus à l'œuvre depuis.

M. Delsol. — Et ils partirent de l'Hôtel de Ville en corps et en armes ?

M. le général Ducrot. — Sur l'ordre de M. Jules Ferry ; de manière que M. Bibesco, arrivé à l'Hôtel de Ville, vit qu'il n'y avait plus rien à y faire. (T. III, *dép. Ducrot,* p. 92.)

Au 22 janvier, M. Ferry couvrait encore les émeutiers de sa protection.

On commence alors à m'amener des prisonniers, notamment Sérizier ; je donne l'ordre de le fusiller de suite. Au moment où cet ordre allait être exécuté, un membre du Gouvernement vient à moi et me dit : « Vous n'avez pas le droit de faire fusiller un homme. » — Alors je prends ce droit, lui dis-je ; il y a une loi martiale qui vient d'être faite, je la mets à exécution : cet homme a été pris les armes à la main, il va être fusillé séance tenante.

Un Membre. — Quel était le nom de ce membre du Gouvernement ?

M. le colonel Vabre. — C'était M. Ferry ; il insiste tellement que je finis par réserver l'exécution jusqu'à la décision du conseil qui devait se réunir le soir.

Ce Sérizier, je l'avais déjà vu dans le cabinet de la mairie de l'Hôtel de Ville. (T. II, *dép. Vabre,* p. 234.)

La protection de M. Ferry ne s'était pas égarée sur un républicain vulgaire : à la fin de la Commune, Sérizier présida au massacre des dominicains d'Arcueil. Il fut pris, condamné à mort par un conseil de guerre et, cette fois, la protection de M. Ferry lui fit défaut ou lui fut inutile, Sérizier fut exécuté à Satory.

On se rappelle le pain extraordinaire que cet administrateur nous fit manger durant le siége ; cependant, grâce à sa bonne organisation, les chevaux d'un grand nombre de particuliers étaient nourris avec du blé. M. Ferry reconnaît le fait avec beaucoup d'ingénuité.

Nous avons su qu'en effet on avait nourri certains chevaux avec du blé, et la raison en est très-simple, c'est que le blé coûtait meilleur marché que l'avoine. L'avoine était presque exclusivement aux mains des compagnies de transport et du ministère de la guerre. *Mais comme à la fin nous avons mangé l'avoine des chevaux, au point de vue de la durée de la résistance de Paris, le résultat a été le même.* (T. I, *dép. Ferry*, p. 410.)

La plaisanterie est un peu grosse ; elle prouve du moins que M. Ferry, avec sa mine d'avoué revêche, est cependant à ses heures un joyeux compère.

Quand il fallut traiter, M. Ferry, qui ne pouvait se lasser de nous faire manger son fameux pain, refusa de prendre part à la discussion sur l'armistice avec ses collegues. C'était un homme bien trempé et sûr de son courage, qui consistait à laisser mourir ses compatriotes de faim ou à les envoyer aux Prussiens comme à la boucherie.

En bon parent, M. Ferry avait casé son frère. Celui-ci, qui se nomme Charles, fut le préfet envoyé en Corse comme « extraordinaire, » pour aider de ses conseils M. Dauzon, préfet ordinaire et très-ordinaire. M. Charles Ferry justifia son titre, surtout par ses excentricités. Il fut nommé préfet à Toulouse. Depuis, le calme étant relativement rétabli, ce personnage fut balayé avec d'autres détritus du 4 septembre.

Pour en revenir à son frère, M. Thiers, qui le chérissait, l'avait envoyé représenter la France à Athènes. On le voit, le prétendu libérateur du territoire ne nous a épargné aucune humiliation. Quand M. Thiers appréhendait dans un débat important un scrutin douteux, le télégraphe jouait, un vapeur de l'Etat chauffait, et le nouveau maître Jacques de diplomate devenait législateur et venait apporter à son bienfaiteur un suffrage reconnaissant. Ainsi faisait M. Picard, qui, ministre à Bruxelles, trouvait plus commode encore de toucher les appointements attachés à des fonctions qu'il ne remplissait point, et ne débougeait pas de Paris, secondant de son vote docile les caprices de M. Thiers. A la chute de celui-ci, mais le plus tard qu'il put, M. Ferry donna sa démission, ce qui était le plus sûr moyen d'éviter la révocation qui l'attendait.

ROCHEFORT

L'histoire de celui-ci est trop connue pour que nous perdions notre temps à la retracer. M. le comte — et depuis la mort de son père, marquis — de Rochefort glissa de la critique dans le pamphlet, et du pamphlet dans le libelle. Une bourgeoisie stupidement frondeuse se fit sa complice : elle l'enrichissait tout en le méprisant.

La démagogie espéra un instant en faire un tribun, mais

ella avait compté sans la poltronnerie du personnage, exceptionnelle, même pour un républicain. Dans les circonstances capitales, il s'évanouissait volontiers : par exemple, à l'enterrement de Victor Noir, dont il avait causé la mort.

Le 4 septembre le tira de Sainte-Pélagie, où il purgeait une condamnation. Il fut pour ainsi dire porté en triomphe par une bande de voyous, accompagné d'une drôlesse qu'il épousa depuis *in extremis*. Les Jules Favre, les Picard, qui visaient à la gravité, firent la grimace en voyant qu'il leur fallait subir la compagnie de ce plaisantin, qui ne les avait pas toujours épargnés. Force leur fut cependant d'en prendre leur parti ; M. de Rochefort était député de Paris, et étant donnée la règle qu'ils s'étaient imposée, ils n'avaient aucun prétexte pour l'éliminer. Ils se consolèrent en répétant qu'il valait mieux l'avoir dedans que dehors.

Pour ses débuts, il fit dans le conseil une motion qui eut, à quelques jours de là, l'honneur d'être reprise par M. Gambetta.

M. de Rochefort parle dans ce sens le 10 septembre, et demande avec emportement l'envoi de commissaires civils en province, *conformément aux vieilles traditions de l'école révolutionnaire. (Rapport Daru, p. 166.)*

Ce mauvais vaudevilliste, égaré dans la politique, était assez embarrassé de sa personne au milieu de conjonctures dont il comprenait cependant la gravité. Le général Trochu l'avait nommé président de la *commission des barricades*, feignant de croire que les Prussiens, s'ils franchissaient nos lignes, s'amuseraient à se faire massacrer dans le dédale de nos rues. Il faut dire, à la louange de M. de Rochefort et de sa commission, qu'ils n'ont pas autant entravé la circulation qu'ils l'auraient pu. M. Ferry et lui employaient les loisirs que leur laissait la politique, à prendre des leçons d'équitation dans un manége installé pour eux à l'Hôtel de Ville.

Je voyais souvent Rochefort. Ces messieurs se servaient des voitures de l'empereur, des chevaux de l'empereur, entre autres du fameux cheval donné par l'empereur de Russie, Orloff, qu'on conduisait au manége pour faire prendre des leçons d'équitation à ces messieurs. (T. II, *dép. Dauvergne*, p. 296.)

Au 31 octobre, renseigné par les émeutiers sur ce qui allait se passer, il ne se hasarda pas à l'Hôtel de Ville. Il était au Louvre, chez le gouverneur de Paris, ne sachant trop quelle contenance garder.

Nous allions partir, lorsque arriva M. Rochefort; il était jaune, vert, de toutes les couleurs, une vilaine figure.

« Qu'est-ce qu'il y a? demanda-t-il; où allez-vous?

« — Nous allons à l'Hôtel de Ville, répondis-je.

« — Mais pourquoi faire?

« — Mais, pour faire cesser ce qui s'y passe.

« — Mais, mon Dieu! cela n'en vaut vraiment pas la peine. C'est une plaisanterie, ce n'est rien du tout; on attache à cela beaucoup trop d'importance. »

A ce mot de plaisanterie, le général Le Flô, qui était assis dans un coin, se leva comme mû par un ressort :

« Oh! monsieur, dit-il, vous trouvez que c'est une plaisanterie? Si vous aviez été, comme moi, au bout de la baïonnette et des fusils de ces gredins-là, vous trouveriez que c'est une bien mauvaise plaisanterie. » _

Rochefort fut un peu embarrassé. — « Partons, dis-je, au général Trochu, à cheval! allons! » (T. III, *dép. Ducrot*, p. 91.)

Le digne général Le Flô avait été vivement impressionné du péril qu'il avait couru.

Cependant avant que la force armée intervînt, Rochefort s'était glissé dans l'Hôtel de Ville, et sans bien savoir ce qu'il voulait, il se mit en avant.

. . . . Une clameur retentit : *Rochefort! voilà Rochefort!* Ce membre du Gouvernement de la Défense venait en effet d'entrer à trois heures environ, salué par les cris croisés de *Vive Rochefort! A bas Rochefort!* Il était pâle, ému et ne pouvait jeter à l'assistance que des paroles entrecoupées.

« Citoyens, le Gouvernement de la Défense nationale a délibéré sur la question de la nomination de la Commune. — Pas de délibérations! Pas d'élections! La Commune! La Commune! Qu'elle soit acclamée immédiatement! Vive Pyat! Vive la Commune! A bas Trochu! »

Un auditeur saute sur la table, saisit Rochefort par le bras; la table vacille, se renverse; ils roulent tous deux. On relève le membre du Gouvernement de la Défense nationale et il reprend :

« Je suis du peuple comme vous!

« — Toi! va donc! tu es comte!

« — Comme vous, je suis un enfant de Paris.

« — Toi ! tu es un aristo ! A bas Rochefort !

« — Comme vous, je veux la Commune, et ce soir une affiche du Gouvernement fera connaître le jour des élections !

« — Pas d'élections ! »

Le tumulte grandit, mais l'orateur tient bon.

« Quatre puissances ont offert à la France de négocier un armistice.

« — Pas d'armistice ! La levée en masse ! Tous à l'ennemi ! A bas Thiers ! A bas les endormeurs !

« — Je ne connais pas le citoyen Thiers et je ne veux pas le connaître ; j'ignore si le gouvernement l'a chargé d'une mission ou s'il a pris sur lui d'intervenir, mais.... »

A ces mots, le tumulte devient effroyable : — A bas Thiers ! Il faut l'arrêter ! Il faut le pendre ! »

Rochefort disparut ; on ne le revit plus de la journée ; il quitta l'Hôtel de Ville à cette heure et n'y reparut plus. Son rôle se borne à cette courte harangue, qui n'eut pas beaucoup de succès. (*Rapport Daru*, p. 194.)

Ce qui ne l'empêcha pas de juger ainsi un autre émeutier :

« Il y a longtemps, disait un autre, — M. Rochefort, — que Félix Pyat m'est connu : le jour de l'enterrement de Victor Noir, il assistait à la manifestation derrière une persienne et le soir même de cette journée, de peur d'être poursuivi, il allait se réfugier dans un bateau de charbon stationnant sur la Seine, et y restait caché pendant huit jours. » (*Rapport Daru*, p. 172.)

C'est, on peut le dire, la pelle qui se moque du fourgon : l'un se cachait, l'autre s'évanouissait : ces deux républicains n'avaient rien à se reprocher.

Sorti du Gouvernement, il s'était consacré exclusivement à la rédaction d'un journal incendiaire, le *Mot d'ordre*, où il avait pour collaborateurs les anciens rédacteurs de la *Marseillaise*. Après le 22 janvier, il réclama la translation de Delescluze, arrêté pour sa participation à cette échauffourée, de Vincennes à la prison de la *Santé*. (*Rapport Daru*, p. 356). Il savait par son expérience personnelle qu'en temps de révolution les portes des prisons s'ouvrent complaisamment pour laisser sortir les malfaiteurs politiques et autres.

Le préfet de police ayant refusé au général Soumain, déjà atteint du ramollissement de la moelle épinière qui l'emporta, la mise en liberté de Delescluze, l'indignation de M. de Rochefort ne connut plus de bornes. Il y eut même à ce propos une scène des plus curieuses entre M. Arago Emmanuel et le préfet de police. Il faut lire d'un bout à l'autre le récit de M. le comte Daru.

Il demanda la suppression de ces deux journaux, ainsi que l'arrestation de Delescluze et de Félix Pyat.

« On ne pouvait tolérer plus longtemps, disait-il, de pareilles provocations au désordre, de si coupables excitations à la violence. » Sa proposition fut appuyée par M. le général Le Flô, combattue par M. Arago et votée à la majorité de 6 voix contre 3 (1). Enfin M. le général Vinoy demanda la création de cours martiales, pour

(1) Les 6 voix en faveur de l'arrestation de Delescluze furent celles de MM. Trochu, J. Favre, J. Ferry, Pelletan, Picard et Le Flô. Les trois voix opposées à cette arrestation furent celles de MM. Arago, Magnin et Dorian. M. Garnier-Pagès s'était abstenu.

suppléer aux conseils de guerre, qui, après beaucoup de lenteurs, renvoyaient presque toujours les coupables des fins de la plainte; mais cette proposition ne fut pas acceptée (1).

Le lendemain, les mesures ordonnées pour la fermeture des clubs, pour les arrestations des prévenus et pour la suppression des journaux, recevaient leur entière exécution sans exciter au sein de la capitale le moindre trouble.

Delescluze fut conduit d'abord à Vincennes; puis, sur les réclamations ardentes de la presse, et notamment du *Mot d'ordre*, rédigé par M. de Rochefort, il fut ramené à Paris et mis dans la prison de la *Santé*. Quelques jours après, survenait une ordonnance de non-lieu, signée du général commandant la première division militaire. M. le préfet de police refusa net d'exécuter cette ordonnance. Il se rendit immédiatement chez M. le général Vinoy, menaçant de se retirer si on relâchait Delescluze. Il avait appris que l'ordonnance de non-lieu avait été communiquée à ce détenu dans sa prison, avant même que l'administration en fût informée. Il s'en plaignit amèrement.

Indigné lui-même de ce procédé, le général Vinoy déclara devant le conseil qu'on ne l'avait pas consulté, qu'on aurait dû en référer à lui, et qu'il ne ratifiait pas la mesure prise par le général Soumain.

M. Arago prit alors la parole; il expliqua que M..., avoué du détenu, et chef de bataillon de la garde nationale, était allé trouver le général Soumain, avait

(1) Notes de M. Dréo.

intercédé en faveur de son client, et que, sur sa demande, le général avait signé l'ordre de mise en liberté. Il ne convenait pas au Gouvernement, selon M. Arago, d'intervenir en ces matières.

Le préfet de police insista ; une scène assez vive eut lieu entre le ministre de la justice et M. Cresson.

Voici comment M. Cresson la raconte :

« Le garde des sceaux vint à moi et me dit dans un langage familier que je demande la permission de reproduire. — Tu as fait quelque chose de très-grave.—Quoi? —Tu as refusé d'obéir aux ordres de mise en liberté du général Soumain ! — Comment le sais-tu ? »

(Je pouvais lui adresser cette question, car nous n'étions que quatre personnes au courant de cette affaire, le général Vinoy, le général Soumain, mon secrétaire général et moi) ; M. Arago me répondit :

« C'est bien simple, le général a donné copie de l'ordre de mise en liberté à un des amis du détenu. —Et cet ami s'est empressé de te l'apporter !...

« Je demandai alors au conseil, continue M. Cresson, si je devais obéir au garde des sceaux ou au général Vinoy. Le conseil fut d'avis que je devrais obéir au général gouverneur, et M. Delescluze demeura en prison. »

Le lendemain, Rochefort signalait à l'indignation publique la conduite du préfet de police.

« Ces procédés n'appartiennent, disait-il, à aucun ordre judiciaire ; ceux qui y ont recours se mettent eux-mêmes hors la loi. » (*Rapport Daru*, p. 356.)

Pendant la Commune, M. de Rochefort, se croyant en cela fort habile, refusa de prendre part directement aú gouvernement insurrectionnel. Il espérait ainsi, le cas échéant, pouvoir échapper à toute responsabilité. Il se dédommageait par la fructueuse publication du *Mot d'ordre* qui provoquait à tous les crimes une populace ivre de sédition.

Au moment de la débâcle, le jour même où M. de Rochefort excitait les fédérés à une résistance à outrance, il prenait bravement la fuite, Il fut arrêté à Meaux, que Bilboquet, un autre saltimbanque, avait illustré avant lui. Devant le conseil de guerre, il se montra fort plat; il prétendit qu'un général prussien lui avait offert la liberté, — Meaux était alors occupé par les Prussiens, — et qu'il avait refusé, lui Rochefort, par dignité. C'était un pur mensonge.

M. de Rochefort fut condamné à la déportation dans une enceinte fortifiée. M. Thiers régnait alors; il n'avait pas oublié le service que lui avait rendu M. de Rochefort en faisant détruire sa bicoque, laquelle lui fut payée depuis, par l'Assemblée alors à ses pieds, quatre ou cinq fois sa valeur. M. Thiers le gardait donc à l'île de Ré, en dépit des plaintes de la presse conservatrice, qui réclamait l'embarquement de ce communard privilégié.

A la chute de M. Thiers, M. de Broglie, qui s'était si fort indigné du « ralentissement inexpliqué de la justice » sous M. Thiers, fut bien forcé, pour ne pas signaler son avénement au pouvoir par une choquante inconséquence, de faire partir M. le marquis de Rochefort pour Nouméa.

Mais les orléanistes, aujourd'hui au pouvoir avec M. de Broglie, n'avaient garde d'oublier les services du pamphlétaire qu'ils avaient soudoyé sous l'Empire, et dans les premiers jours du mois d'avril de cette année, on apprit que le marquis de Rochefort et cinq ou six autres coquins s'étaient échappés de la Nouvelle-Calédonie aussi facilement qu'ils seraient sortis de l'île de Croissy. On apprit aussi avec étonnement que le minis'ère des affaires étrangères, à la tête duquel est M. le duc Decaze, un des envahisseurs du Corps législatif, fieffé oléaniste, avait reçu la nouvelle de l'évasion QUATRE JOURS avant le ministère de la marine. Il est inutile de faire ici des réflexions qui s'imposent à l'esprit de chacun. Nous remarquerons seulement que M. de Broglie, — il sera peut-être tombé du ministère quand paraîtront ces lignes, — a fait regretter M. Thiers au point de vue même sous lequel il l'attaquait. Nous aimions mieux le marquis de Rochefort détenu à l'île de Ré que transporté en Nouvelle-Calédonie, et y trouvant toutes les facilités imaginables pour recouvrer sa liberté.

PICARD

M. Picard est un homme d'esprit, beaucoup plus bête que méchant. Il est riche; il a de la faconde son idéal politique a toujours été de dire des choses désagréables au gouvernement. Lui non plus n'aimait pas les armées permanentes, il ne voyait rien au delà de la garde nationale. Il a dû en rabattre quelque peu depuis. Dans la séance du 3 décembre 1867 il exposa, à propos de la garde mobile, les théories qu'il devait faire mettre en pratique durant le siège.

.... C'est ici que je relève la différence essentielle qui existe entre une force militaire nationale et une force militaire qui ne peut pas être appelée garde nationale, car *la garde nationale* dépend exclusivement du pouvoir civil ; elle nomme ses chefs ; elle est véritablement la nation armée ; elle peut s'opposer aux entreprises des ambitieux et, dans les jours de crise, elle peut être appelée, comme elle l'a été plusieurs fois avec succès, pour rétablir l'ordre et pour protéger ceux que ces crises pourraient menacer. — Eh bien ! cette garde, vous ne l'aimez pas, vous n'en voulez pas, vous lui en substituez une autre qui... ne ressemble en quoi que ce soit à cette garde nationale qui était, permettez-moi cette expression, la véritable et française organisation de la landwehr nationale. (*Rapport Chaper*, *Pièces justific.*, p. 5.)

Ce gros réjoui prenait volontiers au Corps législatif des attitudes de Brutus. Il a, tout comme ses collègues, préparé la révolution qui l'a porté au pouvoir.

Le 10 août, M. Picard disait à la Chambre : « L'attitude du gouvernement et de la majorité devient telle que nous serons forcés de faire un appel au peuple contre le pouvoir et contre la majorité. » Cette déclaration se trouve au *Journal officiel*. Le 11 ou le 12 août, nous étions au pouvoir depuis le 10 août, M. Gambetta s'écriait : « Il faut que nous fassions une guerre républicaine, » et sur la protestation d'un membre de la majorité, il ajoutait : « Oui, cette majorité succombe sous le poids de la honte et du mépris ! » (T. I, *dép. Jérôme David*, p. 149.)

M. Picard convoitait spécialement le portefeuille de l'intérieur. M. Gambetta le lui souffla.

Dans la pensée du gouvernement à cette heure le ministre qui paraissait désigné était M. Picard. Gambetta, qui cause moins que M. Picard, mais qui agit plus, alla directement place Beauveau. M. Picard se promena un peu sous les arcades de la rue de Rivoli et rencontra plusieurs de ses amis ; il leur raconta très-spirituellement ce qu'on venait de faire ; tout cela le retarda, et il arriva au ministère quand Gambetta venait d'en prendre possession. Gambetta avait déjà eu soin, et cela lui fut très-utile plus tard, de faire télégraphier dans les départements la nouvelle de la proclamation de la République, qu'il avait signée : GAMBETTA, *ministre de l'intérieur.*

(T. II, dép. Guyot-Montpayroux.)

M. Jules Simon confirme ce récit, mais en omettant le détail piquant et si vraisemblable du bavardage intempestif de M. Picard.

Quand il fut question, le soir du 4 septembre, de répartir les ministères, cela ne nous prit pas un quart d'heure. Tout le monde semblait désigné à l'emploi qui lui fut donné ; d'ailleurs les nouveaux ministres n'acceptaient qu'un supplément de charge, sans aucun avantage, pas même celui d'un traitement particulier. Il n'y eut de difficulté que pour le ministère de l'intérieur. M. Picard le réclama ; M. Gambetta en avait pris possession, on eut recours au scrutin. M. Gambetta ne l'emporta que d'une seule voix. J'avais voté pour M. Picard. (T. I, *dép. J. Simon*, p. 504.)

M. Picard se rabattit sur les finances; il y était à peu près aussi propre qu'à la guerre. Durant le siége, il s'occupa surtout de bien boire et de bien manger, et il déridait par ses calem-bredaines ses collègues qui affectaient plus de sérieux et qui d'ailleurs mouraient de peur d'être mis en morceaux par la populace qu'ils avaient déchaînée.

Au 31 octobre, il eut l'esprit de ne pas rester dans le guêpier de l'Hôtel de Ville.

En rentrant chez moi, je trouve cette lettre de M. Jules Ferry qui me convoquait à l'Hôtel de Ville, et je m'y rendis à l'heure indiquée. Quant à M. Pelletan, il était à l'Hôtel de Ville au moment de l'envahissement; il y est resté un certain temps, et je me rappelle très-bien l'y avoir vu après que la salle a été envahie; il s'en est allé, et il a très-bien fait; j'ai regretté de ne pas avoir fait de même.

Il était, je le répète, à l'Hôtel de Ville au moment de l'envahissement et quelque temps après; je l'ai vu avec Jules Ferry et Emmanuel Arago; mais je crois qu'il est parti avant l'arrivée du commandant Ibos. Il faisait déjà nuit, lorsque le commandant Ibos est entré avec son ba-taillon. M. Picard est sorti à deux heures ou deux heures et demie. J'ai vu M. Pelletan dans la salle avant l'envahissement; je l'ai vu, je crois en être absolument certain. Quant à M. Picard, j'en suis absolument sûr. M. Picard a dit à M. Jules Simon : « Qu'est-ce que nous allons faire à cette réunion ? N'y allons pas. » Il y alla pour-tant; à peine arrivé et pressentant ce qui allait arriver, il dit : « Je n'ai pas la moindre envie d'aller dans cette bagarre. » C'est alors qu'il sortit de l'Hôtel de Ville pour prendre des mesures de répression. (T. I, *dép Magnin*, p. 518.)

S'il faut en croire M. Picard, il aurait détourné M. Favre de son incroyable fanfaronnade : *Pas une pierre, pas un pouce!*

Je rappelle ce fait, qui ne sera pas contesté par le général Trochu, si sa mémoire est fidèle. On nous a lu cette fameuse circulaire, j'ai arrêté à la phrase, et j'ai demandé qu'on la supprimât; je dis : « Comment! vous venez d'éprouver le désastre de Sedan, et vous écrivez cette phrase! » Je ne dirai pas que c'est de la forfanterie, je ne me permettrais pas un mot pareil contre les hommes éminents qui avaient écrit la phrase ou l'approuvaient; mais c'était de l'imprudence. Dites que nous sauvegarderons jusqu'à la dernière heure l'intégrité du territoire, personne ne nous en voudra; mais une pierre de nos forteresses! J'en donnerais beaucoup pour que nous fussions délivrés dans ce moment-ci.

Je crois que M. Jules Favre allait abandonner la phrase, mais M. le général Trochu déclara qu'elle était indispensable et que, eu égard à ce qui précédait et à ce qui suivait, il fallait que cette empreinte très-forte de la résistance décidée fût mise dans la proclamation. Ceci vous indique dans quel esprit il était. Il ne croyait pas au succès, et il était pour une résistance, je ne dirai pas à outrance, mais je dirai aveugle. (T. I, *dép. Picard,* p. 479.)

M. Trochu n'avait pas assez sur la conscience de sa phrase :

Le gouverneur de Paris ne capitulera pas, il lui fallait collaborer à l'autre sottise d'égale célébrité qui a jeté sur M. Favre un ridicule ineffaçable. Et encore plût au ciel qu'on n'eût à reprocher à ce personnage que cette phrase de rhéteur !

Sous M. Thiers, M. Picard s'était fait nommer ministre à Bruxelles ; il ne fallut rien moins que la révolution parlementaire du 24 mai pour arracher M. Picard à un poste dont il avait fait une sinécure.

A l'approche des Allemands, les hommes du 4 septembre eurent l'idée prodigieuse de se laisser enfermer dans une ville assiégée, se résignant, eux, gouvernement, à rester isolés du reste de la France. A la vérité, ils convinrent d'envoyer une délégation en province, ne songeant pas aux difficultés de toute nature et aux conflits que devait amener ce dédoublement. Dans le principe, ils composèrent cette délégation de MM. Crémieux et Glais-Bizoin, auxquels ils adjoignirent l'amiral Fourichon. Ce fut plus tard qu'ayant de vagues données sur les insanités auxquelles se livrait ce trio de fantoches, ils expédièrent en ballon M. Gambetta, qui, pendant quelques mois, exerça une dictature dont les conséquences furent pour nous à peu près aussi funestes qu celles de l'invasion.

Nous noterons en passant, pour donner une idée du bon sens de ces gouvernants, que M. Jules Favre, ministre des affaires étrangères, s'obstina à rester dans une ville bloquée de façon à ne pouvoir entretenir aucune communication avec les puissances étrangères. M. Favre feignait, ainsi que ses collègues, que son devoir l'attachait au poste le plus périlleux. Comme cet avocat et les autres membres du Gouvernement se sont arrangés de façon à ne pas s'exposer à l'apparence du moindre péril, de pareilles gasconnades font hausser les épaules.

CRÉMIEUX

Nous allons donc nous occuper d'abord du triumvirat Crémieux, Glais-Bizoin, Fourichon.

Le premier, encore un revenant de 48. Il avait voulu jadis faire enlever de la croix d'honneur l'effigie de Napoléon; on a toujours cru qu'il caressait l'idée d'y substituer la sienne, qui à coup sûr eût davantage frappé les populations. Ayant fait partie du gouvernement provisoire de 48, il était tout naturel qu'il fît partie du gouvernement de 70, d'autant plus qu'il était député de Paris, et que messieurs les députés de Paris avaient décrété qu'à raison des lumières spéciales que le ciel avait départies aux représentants de la capitale, eux seuls composeraient le gouvernement.

Comme garde des sceaux, il prit l'initiative de donner une apparence légale à la dissolution du Corps législatif.

Au moment où j'entrai, on discutait précisément sur le ministère de la guerre.

M. Crémieux, qui avait été directement au ministère de la justice, arriva, et, comme il faut que chacun porte la responsabilité de ses actes, je dois dire qu'il arriva avec le décret de dissolution du Corps législatif; car, remarquez bien que, dans la proclamation, il n'était nullement question de la dissolution du Corps Législatif; et il avait même été entendu que le décret de dissolution paraîtrait conjointement avec le décret de convocation des électeurs.

M. Crémieux arriva, dis-je, avec le décret de dissolution. Je protestai énergiquement contre ce décret, et je dois dire que M. Picard protesta aussi. On nous répondit que le Corps législatif était dissous par le fait. (T. II, *dép. Guyot-Montpayroux*, p. 202.)

Arrivé à Tours, M. Crémieux s'attribue à peu près tous les portefeuilles.

Après la rupture des communications télégraphiques, l'amiral eut deux portefeuilles ; les autres se trouvaient entre les mains de Crémieux. Lorsque l'amiral quitta le portefeuille de la guerre pour la seconde fois, Crémieux, qui était titulaire de tous les portefeuilles avant notre arrivée, dit que ce portefeuille de la guerre devait lui rester entre les mains, en vertu de la délégation générale qui lui avait été donnée à Paris. Il y tenait par amour-propre ; mais, ne connaissant pas les affaires de la guerre, il me dit : « Glais-Bizoin, chargez-vous-en, mettez-vous en rapport avec le général Lefort, les choses n'en marcheront que mieux ; » et pour tout ce qui regardait les choses de la guerre, on s'adressait à moi, assisté du général Lefort.

M. DE RAINNEVILLE. — Alors vous étiez ministre de la guerre ?

M. GLAIS-BIZOIN. — C'était plutôt le général Lefort.

M. LE COMTE DARU. — Ce n'était ni l'un ni l'autre, puisque M. Crémieux signait.

M. GLAIS-BIZOIN. — C'était en effet Crémieux, mais il ne s'en occupait pas.

M. le comte Daru. — Vous vous occupiez donc du ministère de la guerre officieusement, mais le ministre titulaire était M. Crémieux. (T. I. *dép*. *Glais-Bizoin*, p. 616.)

Comme ministre de la guerre, l'avocat Crémieux s'était entouré du rebut des estaminets de Paris.

M. le président comte Daru. — Qui donc composait cet entourage? Voilà deux ou trois fois que vous en parlez, il faut nous dire de quoi il s'agit.

M. le général Lefort. — Je ne les connaissais pas; mais il y avait beaucoup de gens qui donnaient des ordres en dehors de nous; ainsi, il y avait monsieur...

(*Le général paraît chercher un nom.*)

M. le comte Daru. — M. Spuller? M. de Serres?...

M. le général Lefort. — Je me rappelle des noms. Il y a eu plus tard M. de Freycinet; enfin des centaines de jeunes gens que je ne connaissais pas, que je n'avais jamais vus et qui, de temps en temps, venaient demander des renseignements sur l'armée ou me communiquer des ordres du ministre.

Un Membre. — Vous ne vous rappelez pas leurs noms, général?

M. le général Lefort. — Attendez, il y avait un M. *Pipe-en-Bois*; je ne le connaissais pas sous un autre nom.

M. le comte Daru. — M. Cavalier?

M. le général Lefort. — Oui; et puis dame! il y en avait tant!

M. le comte Daru. — Combien y avait-il de secrétaires près du ministre ?

M. le général Lefort. — J'ai toujours vu là cinq ou six personnes.

M. le comte Daru. — Dans quelle tenue ?

M. le général Lefort. — Dans une tenue assez débraillée. J'avoue que je ne cherchais pas à les connaître. (T. III, *dép. gén. Lefort*, p. 80.)

Il va sans dire que cet état-major de bohêmes ne s'exposait pas plus que son chef. Mais cet étrange ministre de la guerre avait horreur des militaires.

M. le comte de Rességuier. — Cet entourage a-t-il été sur le champ de bataille ?

M. le général Lefort. — Je ne le crois pas.

M. le comte de Rességuier — C'étaient des bureaucrates. Etaient-ils en uniforme ?

M le général Lefort. — Non, ils n'avaient pas d'uniforme ; ils étaient en civils.

M. Ulric Perrot. — M. Crémieux nous a dit que l'administration de la guerre ne pouvait plus marcher avec des militaires et qu'il fallait absolument des civils, parce que, du fait des hommes de guerre, il rencontrait sur son chemin des obstacles insurmontables.

M. le général Lefort. — Il devait évidemment rencontrer des difficultés, en voulant suivre la voie dans laquelle il était entré. Nous, officiers généraux, tant que nous avons pu marcher avec la règle, avec la loi, tant que les faits ne sont pas entrés dans la voie qui devait, nous le prévoyions, amener la désorganisation, — comme malheureusement cela est arrivé plus tard, — nous l'avons fait. — Nous n'avons pas voulu nous prêter à certains tripotages qui ont eu lieu après. Dans ces conditions, il est bien évident que M. Crémieux devait trouver que l'administration de la guerre ne pouvait marcher avec des militaires. (T. III, *dép. Lefort*, p. 79.)

Cette horreur des militaires, M. Crémieux la poussait aux dernières limites du comique.

Notre honorable collègue (1) était accouru à Bordeaux après la capitulation de Paris et s'occupait avec ardeur de réunir au sud de la Loire les éléments dispersés de nos forces pour reconstituer une armée capable de disputer à l'ennemi le midi de la France, si l'armistice était rompu. Il discutait dans le conseil du Gouvernement les mesures à prendre, les ordres à donner, quand M. Crémieux, qui se souvenait d'avoir tenu, lui aussi, le ministère de la guerre et qui ne l'avait cédé qu'à regret (1) à son collègue du barreau de Paris, M. Gambetta, se prit à dire en levant les bras au ciel : « Allons, bon, voilà encore l'armée qui va retomber entre les mains des militaires. » (*Rapport Chaper*, p. 78.)

Un témoin qui n'est pas suspect, puisqu'il est l'ami et la créature des hommes du 4 septembre, raconte sur M. Crémieux un trait presque incroyable.

M. LE GÉNÉRAL LE FLO. — Ces messieurs avaient

______

(1) Le général Le Flô.

admis en principe que, pour être un bon capitaine, il ne fallait pas savoir un mot de son métier. M. Crémieux, par exemple, arrêtait dans la rue un homme dont la physionomie lui revenait, et lui disait : « Seriez-vous capable de commander une armée!... N'avez-vous pas un plan, une idée militaire quelconque? Nous ferons de vous n'importe quoi. » (T. III, *dép. Le Flô*, p. 623.)

Il va sans dire que M. Crémieux, qui prenait à tout désorganiser un plaisir véritablement simiesque, destitua un très-grand nombre de magistrats inamovibles. Enfin celui-là fit tant, il se rendit si risible, lui et son collègue Glais-Bizoin, que les républicains les plus endurcis n'eurent pas le courage d'envoyer ces deux messieurs à l'Assemblée nationale.

GLAIS-BIZOIN

M. Glais-Bizoin n'a même pas la malice de singe de M. Crémieux : il est plus bêtement malfaisant. Il ne prenait pas son collègue au sérieux, mais l'autre le lui rendait bien.

M. DE SUGNY. — Vous pouvez être explicite sur ce point, sans le moindre scrupule, car nous avons, sur ces scènes, le témoignage de plusieurs personnes. Quand on se disputait le portefeuille de la guerre, est-il vrai que

M. Glais Bizoin disait à V. Crémieux : « Si vous étiez ministre de la guerre, l'Europe entière ne pourrait pas s'empêcher d'en rire, » et que M. Crémieux répondait à M. Glais Bizoin : « Si vous l'étiez, ce serait la France qui éclaterait de rire. »

M. MARC-DUFRAISSE. — Puisque vous connaissez les faits, il n'est pas nécessaire que j'entre dans les détails; il me serait d'ailleurs pénible d'y insister. (T. IV, *dép. Dufraiss*, p. 440.)

Ce fut lui qui mit les scellés sur les portes du Corps législatif après avoir, durant tant d'années, déclamé contre le 2 Décembre.

Il avait fait évacuer la salle et apposer les scellés sur la porte.

Au Sénat, à la même heure, M. Floquet en avait fait autant.

Ainsi, l'honneur d'avoir mis, le 4 septembre, la clef du Parlement dans sa poche appartient à M. Glais-Bizoin, assisté de M. Floquet. (*Rapport Daru*, p. 60.)

Le général d'Aurelle de Paladines nous peint le personnage.

Quant à M. Glais-Bizoin, on avait pour lui les égards dus à sa position, mais on ne l'a jamais pris au sérieux. S'il m'avait parlé de plan et de responsabilité, s'il m'avait demandé si j'étais satisfait de l'emplacement des troupes, s'il m'avait dit que dans le cas où je n'en serais pas satisfait, il fallait les changer ou donner ma démission, je lui aurais, je crois, tourné le dos, et je lui aurais répondu, peut être aurais-je eu tort : « Mêlez-vous de ce qui vous regarde. »

. . . .

Je dois cependant vous dire que M. Glais-Bizoin n'avait pas une grande considération à Tours, parmi les personnes qu'il voyait. On s'apercevait que les membres du Gouvernement ne faisaient pas grand cas de lui ; il courait un peu de tous les côtés, prenant des renseignements, questionnant les soldats, leur demandant s'ils étaient contents des vivres. Si on lui disait que non, il criait après les intendants, il faisait une petite scène dans les bureaux de l'intendance. Tout cela excitait l'hilarité et faisait qu'on ne prenait pas M. Glais-Bizoin pour un membre sérieux du Gouvernement.

Je voulus un jour aller faire une visite à M. Glais-Bizoin. On me dit que si je voulais le rencontrer, ce ne serait que vers huit heures du matin. J'y allai, il était entouré d'une dizaine de personnes, et passait dans une pièce dont la porte était ouverte. A ce moment, je ne le connaissais pas encore. Je demandai quel était ce monsieur qui passait dans la pièce à côté, on me dit : « C'est M. Glais-Bizoin. » Il avait une tenue tellement excentrique que je déposai ma carte et je m'en allai. Il était tout à fait en négligé ; sa tenue était, je ne trouve pas d'autre expression pour peindre ma pensée, débraillée. Il avait un veston rouge, couleur solférino, un caleçon de flanelle et des pantoufles. (T. III, *dép. d'Aurelle de Paladines*, p. 208.)

Quand M. Gambetta leur tomba du ciel en ballon, les pauvres triumvirs furent tout déconfits : ils se doutaient b'en que celui-là se taillerait dans leur dictature la part du lion. M. Gambetta leur avait cependant laissé, comme on va voir, une fiche de consolation.

Je vis également M. Glais-Bizoin, et j'appris bientôt par ses confidences qu'il était très-difficile d'empêcher Gambetta d'être dictateur. Par lui, j'appris que Gambetta avait deux voix, et voix prépondérante comme président, de telle sorte que MM. Crémieux et Glais-Bizoin pouvaient voter comme bon-leur semblait ; à lui seul, il avait la majorité. On peut voir par là ce que pouvaient être ces délibérations. *M. Crémieux nommait et destituait les magistrats ; M. Glais-Bizoin inspectait les francs-ti-reurs ;* mais, en somme, la délégation, c'était le dictateur Gambetta. Je fus donc bientôt fixé sur ce qu'il y avait à attendre des collègues de Gambetta. (T. II, *dép. Mont-payroux*, p. 204.)

Aussi M. Glais-Bizoin se venge-t-il par la sévérité de ses appréciations de celui qui l'a réduit à la portion congrue ; il s'efforce surtout de démontrer qu'il était aussi dictateur que M. Gambetta.

M. le Président. — Il fut nommé ministre de la guerre, grâce à sa voix prépondérante?

M. Glais-Bizoin. — Si l'amiral Fourichon ne lui avait pas donné sa voix, il n'aurait pas été ministre de la guerre. Du reste, je puis vous affirmer que nous lui avons imposé la loi plus souvent et plus durement que nous ne l'avons reçue de lui. Ce qu'il a fait en dehors de nous, et ce qui nous était inconnu, ce sont des signatures qu'il a données pour des détails de l'administration de la guerre, des nominations déplorables de gens qui devaient présider à l'organisation, et qui ne servirent qu'à le discréditer. (T. I, *dép. Glais-Bizoin*, p. 619.)

Comme politique, M. Glais-Bizoin est un véritable Machiavel.

Mais il s'agissait d'éviter la guerre civile, qui était imminente dans toutes les parties de la France, dans le Midi surtout. A Marseille, nous l'avons conjurée à deux reprises, en employant M. Gent, l'homme qui pouvait la susciter. (T. I, *dép. Glais-Bizoin*, p. 618.)

Cela revient à livrer son argenterie à ceux qui sont le mieux en situation de la voler.

Ce grotesque n'a pu être nommé aux élections du 8 février.

FOURICHON

Lié de longue date avec le personnage qui devint, au prix d'une trahison, président du soi-disant Gouvernement de la Défense nationale, M. Fourichon est, si on peut ainsi dire, un Trochu maritime. L'occasion seule lui a manqué pour se signaler par un semblable abandon de ses devoirs professionnels.

Étant en Algérie, où il a passé la plus grande partie de sa carrière militaire dans un doux *far-niente*, il épousa une nièce du maréchal Bugeaud et se lia avec Saint-Arnaud, qui, malgré l'avis du conseil des ministres, le fit passer contre-amiral en 1852, peu de temps après le coup d'État.

Capitaine de vaisseau à trente-huit ans, il commandait une frégate, *l'Algérie*, sur laquelle il se signala par une *prudence* qui le rendit la fable de la marine : au début de sa campagne dans les mers du Sud, il fit rogner la mâture de sa frégate, craignant sans doute de la voir chavirer.

A la fin de 1851, il partit pour la Guyane, dont il venait d'être nommé gouverneur. Mais aussitôt qu'il reçut sa commission de contre-amiral, il s'empressa de rentrer en France, par crainte de la fièvre jaune, qui, l'année précédente, avait sévi dans la colonie. Sous l'Empire, il imita l'attitude malveillante de son ami Trochu. En l'élevant par delà ses mérites, on avait fait un ingrat de plus.

Cependant on lui confia, au moment de la guerre d'Italie, le commandement général d'une escadre qu'on formait à Brest pour la Baltique. A l'issue de cette guerre, à laquelle il n'avait pris aucune part, il fut nommé vice-amiral ; il n'avait alors que cinquante ans, c'était le plus jeune officier de son grade. C'était le comble : à partir de ce moment il devint un ennemi irréconciliable de l'Empire.

Par un excès de mansuétude, on ferma les yeux sur la conduite de M. Fourichon, et bien qu'il n'eût pas mis le pied à la mer depuis douze ans, on lui confia, en 1869, le commandement de l'escadre d'évolution. En 1870, il commanda l'expédition dans la mer du Nord. On sait quel discrédit son inaction jeta sur la marine française.

Au 4 septembre, il fut recommandé par son ami Trochu au gouvernement insurrectionnel, et il fut nommé ministre de la marine. Adjoint à la délégation de Tours, il se laissa aller à la remorque de M. Crémieux d'abord, de M. Gambetta ensuite. Sans parler de son rôle politique, lequel fut honteux, il montra dans son administration maritime une telle impéritie qu'il laissa capturer à l'embouchure de la Gironde un navire français par une frégate prussienne, *l'Augusta*.

Il raconte lui-même très-délibérément comment lui, militaire d'un grade élevé, il s'est associé aux aventuriers du 4 septembre.

Je n'ai rien vu des faits du 4 septembre. A cette époque, j'étais dans la mer du Nord. Rappelé en France pour y prendre le ministère de la marine, je rentrai à Cherbourg le 15, hésitant encore à accepter les fonctions qui m'étaient offertes. Non que j'éprouvasse aucun scrupule à entrer dans un gouvernement où je rencontrais mes amis les généraux Trochu et Le Flô, et qui était servi au dehors par M. Thiers, mais uniquement parce qu'il m'en coûtait de quitter le commandement de l'escadre.

J'allai à Paris, et là mes amis s'étonnèrent de mes hésitations et n'eurent pas grand'peine à les vaincre. (T. I, *dép Fourichon*, p. 635.)

Il est certain que, pour la besogne qu'il faisait avec son escadre, il faisait aussi bien de débarquer. Il eut, comme nous disions, pour MM. Crémieux et Gambetta les plus lâches complaisances; il leur permit de subordonner l'autorité militaire à l'autorité civile — et à quelle autorité civile!

En outre, il s'associa aux actes les plus révolutionnaires de la délégation de Tours; il l'avoue devant la commission sans embarras.

Maintenant, il y a des actes politiques auxquels j'ai

été amené à souscrire après de longues résistances. Je ne l'ai fait qu'avec regret, mais je l'ai fait.

J'en compte trois principaux :

D'abord, la dissolution des conseils généraux. C'était une violence maladroite. Les conseils généraux n'avaient rien refusé ; la délégation avait en eux des instruments utiles et dociles. Pourquoi les frapper ? M. Gambetta soutenait qu'il devait céder aux réclamations qui lui arrivaient de tous côtés.

J'avais refusé de signer la proclamation contre le maréchal Bazaine ; mais je ne pouvais pas jouer le rôle d'être membre de la délégation et de me tenir en dehors de ses actes. Lors donc qu'arriva le décret de dissolution des conseils généraux, signé par mes collègues, je signai le dernier et je restai.

Une autre mesure qui m'a inspiré bien des répugnances, a été la révocation des magistrats ayant fait partie des commissions mixtes ; mais la discussion qui a eu lieu au sein de l'Assemblée nationale m'a rassuré. Aux yeux d'un grand nombre de personnes, ce décret avait fait de ces magistrats des victimes, la discussion en a fait des coupables.

Enfin est venu le décret sur les incompatibilités électorales. M. Gambetta avait déclaré que si on faisait les élections, il y mettait pour condition l'exclusion des députés qui avaient été candidats officiels. Cette question avait été bien des fois débattue entre nous quand arriva la nouvelle de la capitulation de Paris.

La dépêche télégraphique de M. Jules Favre ne mentionnait ni l'envoi d'un décret électoral, ni la continuation des hostilités autour de Belfort. A ce moment, M. Gambetta exprima l'intention de se retirer. Persuadé, comme mes collègues Crémieux et Glais-Bizoin, que dans de telles circonstances, une rupture dans le sein de la délégation, amenant le départ du ministre de l'intérieur et de la guerre, créerait les plus grands périls et compromettrait la réunion d'une Assemblée nationale ; pressé d'ailleurs par l'urgence d'agir sans plus de retard, je souscrivis aux conditions que M. Gambetta mettait à l'exécution de l'armistice et à la convocation des électeurs.

Arrive M. Jules Simon à Bordeaux, et là encore une fatalité étrange explique pourquoi la délégation de Tours a résisté un instant au gouvernement de Paris. M. Jules Simon n'apportait pas le décret électoral qu'il avait ordre de publier. On ne publie pas un décret sans en avoir le texte. Afin de sortir de cet embarras, MM. Lionville et Crémieux ont été successivement envoyés à Paris. Le dernier, ayant rencontré en route MM. Pelletan, Arago et Garnier-Pagès, revint à Bordeaux avec eux. Le décret de la délégation a été annulé ; celui de Paris a prévalu et les élections se sont faites comme vous le savez, de manière que s'il y a eu des choses pénibles dans tout cela, il y a eu aussi le résultat heureux que nous devions poursuivre, la convocation des électeurs et la remise du pouvoir entre les mains de l'Assemblée nationale. (T. I, *dép. Fourichon*, p. 637.)

M. Gambetta, le jaugeant du reste à sa juste valeur, le considéra comme une cinquième roue de carrosse, et M. l'amiral Fourichon fut son très-humble serviteur.

Un Membre. — Ainsi, toutes les opérations militaires ont été faites en dehors de vous, qui, cependant, représentiez l'élément militaire dans la délégation de Tours?

M. l'amiral Fourichon. — Ni moi, ni M. Crémieux, ni M. Glais-Bizoin n'avons été consultés. Je crois que les choses auraient dû se passer autrement. Mais je dois déclarer que, dans ses relations privées avec moi, je n'ai jamais eu à me plaindre de M. Gambetta.

Le même Membre. — Tous les ordres militaires étaient donnés en dehors de vous par M. Gambetta?

M. l'amiral Fourichon. — Oui. (T. I, *dép. Fourichon*, p. 641.)

On remarquera que M. Fourichon altère la vérité en prétendant que M. Simon n'apportait pas le décret électoral. La mission dont s'étaient chargés MM. Liouville et Crémieux n'était pas d'aller chercher ce décret, mais d'obtenir du gouvernement de Paris qu'il fût annulé. En somme, la conduite de M. Fourichon fut tout à fait misérable. Par ses compromissions avec les révolutionnaires ; il est devenu le digne émule de son ami Trochu. Il s'est fait envoyer à l'Assemblée nationale, et il y fait ménage avec les orléanistes. On ignore de quelle pasquinade nouvelle M. Fourichon attend son bâton d'amiral.

GAMBETTA

Nous voici arrivé à M. Gambetta. Il faut lui rendre cette justice qu'il se montre moins piteux que ses compagnons. Il fut extravagant, il parodia Danton, il tyrannisa la France, il se sauva de toute la vitesse des locomotives devant les Prussiens, il débita de véritables boniments du haut des balcons de province, travestissant nos défaites en victoires, mais avec tout cela, il est descendu moins bas dans le mépris public que les Jules Favre, Jules Simon, *etutti quanti*. Cela tient à ce que M. Gambetta est un instrument sonore tombé aux mains d'une bande de virtuoses de la Révolution, les Spuller, les Ranc, les Challemel-Lacour, qui en jouent avec une habileté incontestable, et qui ont mis à son service, à charge de revanche, leur influence sur le troupeau républicain.

Nous avons vu comment M. Gambetta proclama la déchéance de l'Empire devant la foule qui avait envahi le Corps législatif et comment, d'un pied léger, il avait devancé M. Picard place Beauvau, lui escamotant le portefeuille que l'ancien *cinq* convoitait. Son rôle fut assez effacé au milieu du gouvernement insurrectionnel, jusqu'au jour où il fut envoyé en province pour rejoindre le trio comique Crémieux-Glais-Bizoin-Fourichon.

En arrivant à Tours, il commença par arracher à M. Crémieux, qui y tenait beaucoup, le portefeuille de la guerre. Il se met vite à la besogne.

Arrivé le 10 octobre à Tours, M. Gambetta destituait,

le 11, le général la Motterouge, qui n'avait pas réussi à battre, avec vingt-cinq mille hommes rassemblés à la hâte, quarante mille Prussiens. (*Rapport Daru,* p. 444, *note.*)

Le brave général de la Motterouge a lui-même raconté les faits devant la commission d'enquête.

Après avoir ainsi combattu pendant sept heures, soutenu l'honneur de mes armes et ramené derrière la Loire mon corps aussi intact qu'il pouvait l'être après deux journées de combats contre des forces aussi supérieures, j'ai été destitué brutalement par M. Gambetta, qui était tombé de ballon ministre de la guerre.

M. LE PRÉSIDENT. — A combien évaluez-vous les troupes ennemies ?

M. LE GÉNÉRAL DE LA MOTTEROUGE. — A une quarantaine de mille hommes, avec cent vingt à cent trente pièces de canon. (T. III, *dép. la Motterouge,* p. 286.)

Selon les traditions de la Convention, renouvelées des Carthaginois, le moderne Danton décrétait la victoire... ou la mort. Il se mit en tête de faire passer devant un conseil de guerre le général de la Motterouge.

Cependant un jour M. Gambetta me fit appeler et me prévint que le général de la Motterouge avait été battu à Orléans. Je lui exprimai l'étonnement que me causait cette nouvelle, attendu qu'il avait reçu l'ordre d'éviter toute espèce d'engagement. Il me répondit : *Mais c'est moi qui*

ui ai envoyé l'ordre de se porter en avant et de vaincre
Le mot est textuel.

Un Membre. — A quelle date ?

Vers le 10 octobre. Je calcule cette date en raison de son arrivée. M. Gambetta ajouta : « Vous allez me faire un rapport immédiatement pour traduire devant un conseil de guerre le général de la Motterouge. » Je lui répondis : « Monsieur le ministre, on ne peut pas traduire devant un conseil de guerre le général de la Motterouge parce qu'il a été battu. Avant de traduire un général devant un conseil de guerre, il y a un conseil d'enquête qui doit examiner sa conduite. Je ne puis donc vous faire un rapport contre le général de la Motterouge que quand vous m'aurez remis le résultat de cette enquête. Mais je dois vous prévenir, monsieur le ministre, que, dans mon opinion, le plus grand tort de M. le général de la Motterouge est d'avoir obéi à des ordres inexécutables. — Général, me dit M. Gambetta, vous le prenez sur un ton que je ne puis admettre. — Vous m'avez demandé ma pensée, lui répondis-je, je vous l'ai dite tout entière. — Mais, répliqua M. Gambetta, si je n'ai pas le droit de faire traduire le général de la Motterouge devant un conseil de guerre, j'ai le droit de le révoquer. — C'est le ministre qui l'a nommé, lui dis-je, vous avez le droit de le révoquer. Mais nous n'avons pas beaucoup d'officiers géné raux sous la main. — Qui avez-vous? — Le général d'Aurelle de Paladines est destiné au commandement du 16e corps. L'organisation de ce corps étant moins avancée que celle du 15e, je puis donner le commandement de ce dernier au général d'Aurelle. — Eh bien, je l'accepte, cela me va. » (T. III, *dép. Lefort*, p. 76.)

Je lui avais donné l'ordre de vaincre est grand comme le monde. Voici, sur le général victime de la rhétorique de M. Gambetta, la déposition du général Lefort, directeur à la guerre sous M. Crémieux.

M. ULRIC PERROT. — Eh bien, M. Crémieux a déposé ici que le général La Motterouge avait entravé les services, parce qu'il ne voulait s'occuper de rien.

M. LE GÉNÉRAL LEFORT. — C'est une très-grave erreur. J'ai toujours trouvé le général la Motterouge très-empressé, très-dévoué, très-disposé à remplir tous les devoirs d'un soldat, très-droit, très-honorable, très-obéissant, d'une obéissance passive même qui me surprenait, je dois le dire, quand je voyais un officier général de sa valeur recevoir des ordres comme ceux qui lui étaient donnés par tout le monde, par des gens qui n'avaient aucun droit, aucun titre à lui en donner, par exemple, par l'entourage du ministre de la guerre. — Le général la Motterouge se soumettait à tout. (T. III, *dép. Lefort*, p. 79.)

Tous les aventuriers de la France et de l'Europe s'étaient donné rendez-vous à Tours. C'est parmi eux que M. Gambetta choisissait ses collaborateurs. C'est ainsi que la direction des armées fut confiée par lui à deux hommes qui se sont acquis une certaine célébrité : MM. de Freycinet et de Serres. Nous allons placer ici les extraits qui concernent ces deux messieurs.

M. de Freycinet était ingénieur civil : c'est apparemment la raison qui décida M. Gambetta à lui confier la direction des opérations militaires. Ce personnage se défiait de presque tous les généraux.

M. Perrot. — Vous devez savoir que M. de Freycinet avait une certaine défiance de presque tous les généraux, que même il disait dans une dépêche : « C'est le fétichisme militaire qui nous perd. »

M. de Serres. — Il y a, je crois : « C'est un reste de fétichisme militaire de l'Empire qui nous perd. » Cette dépêche a été expédiée à la suite de l'inutilité des efforts que M. de Freycinet avait faits pour que l'armée, de Bourges, marchât sur Blois. (T. III, *dép. de Serres*, p. 72.)

Devant la commission d'enquête, M. de Freycinet essaye d'excuser sa témérité ; cependant l'aveu que cet ingénieur dirigeait de son cabinet les opérations militaires paraît causer aux membres de la commission une stupéfaction profonde. Le général d'Aurelle de Paladines, qui faisait partie de la commission, constate que M. de Freycinet donnait directement des ordres aux généraux.

M. de Freycinet. — Ce que vous dites est parfaitement exact, mais nous n'avons jamais donné d'ordres à un général pour lui faire exécuter des opérations qu'il ne voulait pas exécuter, et c'est tout ce que j'ai voulu dire. Quant aux généraux dont vous parlez, ils n'étaient pas sous vos ordres et vous n'avez pas eu la responsabilité, quand nous avons pris nous-mêmes la direction des deux corps chargés du mouvement.

M. Dezanneau. — Vous-même !...

M. DE FREYCINET. — Le ministère de la guerre a pris pendant quelques jours la direction de cette opération.

M. DEZANNEAU. — Ainsi, vous avez vous-même dirigé les opérations militaires ! (T. III, *dép. Freycinet*, p. 4.)

La déposition du général Fierreck confirme ce fait inouï.

M. DEZANNEAU.— Les ordres que vous receviez étaient des ordres directs du ministre ?

M. LE GÉNÉRAL FIERRECK. — Non, c'étaient des ordres de M. de Freycinet ; pourtant, j'ai reçu deux lettres de M. Gambetta. (T. III, *dép. Fierreck*, p. 289.)

Voici, d'ailleurs, un fait qui peut donner une idée de la compétence de cet ingénieur :

M. DE MAILLÉ. — Si la commission le permet, je lui donnerai par un petit détail une idée des connaissances militaires de M. de Freycinet. C'était dans le département d'Indre-et-Loire : le général Clerc reçoit de M. de Freycinet cet ordre : « Portez-vous à Saumur pour défendre le pont de la Poissonnière. » Le général répond : « Le pont de la Poissonnière est à dix-sept lieues de Saumur. » M. de Freycinet réplique par le télégraphe : « Un ordre est un ordre, exécutez-le immédiatement. » (T. I, *dép. Fourichon*, p. 643.)

Il écrivait au général d'Aurelle de Paladines :

« Tours, le 23 novembre 1870.

» Général,

« J'ai lu avec la plus grande attention la lettre de ce jour que m'a apportée votre officier de l'état-major général.

« A vos observations, dont je ne méconnais pas la portée, je ferai cette simple réponse :

« *Si vous m'apportiez un plan meilleur que le mien* où même si vous m'apportiez un plan quelconque, je pourrais abandonner le mien et révoquer mes ordres; mais depuis douze jours que vous êtes à Orléans, vous ne nous avez, malgré nos invitations réitérées de M. Gambetta et de moi, proposé aucune espèce de plan. Vous vous êtes borné à vous fortifier à Orléans. » (T. III, *dép. d'Aurelle de Paladines*, p. 196.)

On voit, par ces preuves multipliées, avec quel aplomb M. de Freyciet s'immisçait dans les choses de la guerre. Voici un de ses ordres :

« *Avis*. — 1° Départ de des Pallières avec une trentaine de mille hommes, dans la direction de Pithiviers, mercredi 23 courant.

« 2° Occupation de Pithiviers, jeudi 24 courant, par le même.

« Un ordre formel sera envoyé dans la journée du 22 au général d'Aurelle pour lui enjoindre d'opérer le mouvement sus-indiqué.

« Consacrer la journée de demain à explorer parfaitement la région.

« Tours, 21 novembre 1870.

« *Signé* : DE FREYCINET. »
(T. III, *dép. d'Aurelle de Paladines*, p. 198.)

Et encore, il faut entendre de quel ton ce M. de Freycinet
parlait à nos généraux ; il écrivait en termes grossiers au
général Crouzat.

Le 2 décembre, j'avais reçu à Nibelles de M. de Freycinet une dépêche grossière dont je vous parlerai pour
vous donner une idée de la manière dont les ordres étaient
donnés par M. de Freycinet. (T. III, *dép. Crouzat*,
p. 266.)

Malheureusement, le général Crouzat, péniblement impressionné d'avoir été, lui vieux soldat, malmené par ce
M. de Freycinet, n'a pas cru devoir communiquer à la
commission les termes mêmes de cette dépêche insultante.

L'illustre Bourbaki ne fut pas à l'abri des boutades de ce
tacticien de hasard ; un télégramme « plus que dur » du bras
droit de M. Gambetta contribua à le porter à l'acte de
désespoir que tout le monde se rappelle.

M. de Freycinet répondit à mes justes observations
par un télégramme qui, tout en me laissant ma liberté
d'action et ma responsabilité, me parut, je ne dirai pas
injurieux, mais plus que dur. La crainte de voir mon
armée internée en Suisse, le manque de vivres pour mes
troupes, l'appréciation injuste que le ministre de la

guerre faisait d'efforts si constants, si soutenus, si désespérés, tentés dans des conditions de température affreuses, toutes ces pensées m'assaillirent, et alors..., l'accident est arrivé. (T. III, *dép. Bourbaki*, p. 353.)

Voici le texte même de la dépêche dont parle le général Bourbaki.

« 10 décembre 1870.

Guerre à général Bourbaki, à Bourges.

« Vos dépêches font un pénible contraste avec celles du général Chanzy, qui soutient depuis cinq jours d'héroïques et victorieux combats contre l'armée du prince Charles avec les mêmes corps qui avaient déjà supporté tout le poids de la lutte devant Orléans. A quoi tient donc cette demande du 15e corps qui, depuis sa retraite précipitée, n'a pas livré un sérieux combat? Quant au 20e corps, je ne puis m'expliquer son désarroi, puisqu'il n'a pas encore brûlé une amorce; vous avez le devoir de relever toutes ces défaillances par votre fermeté. Prenez toutes les mesures de salutaire rigueur qui peuvent arrêter ce dangereux courant. Vous devez avoir à cœur de rivaliser avec Chanzy et de prendre part à ses glorieuses fatigues. Nous ne connaissons pas assez les conditions de vos troupes et les forces qui vous avoisinent pour pouvoir vous donner en ce moment un ordre précis, mais je sais bien que si j'étais à votre place, je rallierais immédiatement mes trois corps; je châtierais les bandes qui se sont portées sur Vierzon et qui ont compté beaucoup plus sur l'imagination de vos troupes que sur leurs propres forces pour refouler votre armée.

« Je repousserais vivement l'ennemi au delà de Salbris et je dirigerais une forte colonne dans la direction de Blois; vous dites vous-même que l'ennemi veut tourner les débris de l'armée de la Loire; je voudrais lui prouver que ces débris ne se laissent pas ainsi jouer, et tant que j'aurais un soldat sur pied je ne permettrais pas à des troupes aussi peu nombreuses de semer l'épouvante dans la Sologne et de chercher à donner la main au prince Charles, pour achever les braves phalanges de Chanzy.

« Voilà, général, ce que je ferais; votre connaissance la situation et par-dessus tout votre cœur et votre courage vous dicteront le plan que vous devez suivre.

Signé : DE FREYCINET.

(T. III, *dép. Bourbaki*, p. 389.)

M. de Freycinet s'efforce d'atténuer sa responsabilité. Ainsi cet ordonnateur général prétend qu'il n'aveit rien à voir dans la qualité des armes ridicules qu'on mettait entre les mains des malheureux qu'on tirait de leur charrue pour les jeter devant les troupes exercées du roi Guillaume.

En ce qui concerne par conséquent la qualité des armes, je n'ai jamais eu à me prononcer. On nous donnait des armes; nous les prenions comme on nous les donnait. Quand elles étaient médiocres, nous les restituions. On est venu me dire qu'un certain nombre de fusils n'étaient pas percés : quand j'ai appris cela, naturellement, cela m'a fait bondir, et immédiatement j'ai fait appeler le général

Thoumas : « Voilà ce que j'apprends ; envoyez un officier d'artillerie à Rennes pour faire la vérification. » Et en effet, il y avait un certain nombre de cheminées de fusils qui n'étaient pas percées. (T. III, *dép. Freycinet*, p. 16.)

Alors prenons que la spécialité de M. de Freycinet était la confection des plans de bataille et ne tourmentons pas davantage ce professeur d'art militaire dont nos généraux acceptaient les avis et exécutaient les ordres avec une complaisance et une docilité qu'on a peine à comprendre. Avant de terminer avec M. de Freycinet, nous ajouterons qu'il fut si satisfait des résultats de sa savante stratégie, qu'il se présenta aux élections du 8 février. Il ne fut pas élu. Il a disparu, attendant dans quelque coin que son patron Gambetta, revenu au pouvoir, lui redonne quelque occasion de produire à la lumière les rares talents militaires que le ciel, par un caprice dont on ne saurait trop se féliciter, a départis à un pacifique ingénieur des ponts et chaussées.

Nous passons maintenant à M. de Serres, qui a joué un rôle analogue.

M. de Serres, qui nous fit la grâce de vouloir bien se mêler de nos affaires, est un Polonais nommé Wieczffenski, Le nom étant un peu sauvage, il se fit appeler de Serres pour plus de commodité. Lui aussi était ingénieur ; il était employé dans les chemins de fer autrichiens quand il eut l'idée de venir sauver la France, qui ne lui demandait rien. Il est presque impossible de déterminer exactement quelles furent ses attributions et celles de M. de Freycinet. Quand on l'interroge là-dessus il entame l'éloge de son désintéressement : « c'est de sa poche qu'il a fait la campagne. » Nous verrons tout à l'heure ce que fut cette « campagne » dont il a plein la bouche.

M. DE RAINNEVILLE. — Je voudrais présenter à

M. de Serres une observation. Quel était son titre officiel, et quelle nominat'on constatait ses pouvoirs? Il n'avait pas le titre de général, mais il était bien plus que général, puisqu'il avait des officiers attachés à sa personne, quoique civil; il donnait des ordres aux préfets; ce n'étaient pas des ordres écrits, mais c'étaient des ordres verbaux sur les garnis, sur les logeurs, etc. Il a bien voulu nous en exposer le détail; sa position était telle qu'il pouvait offrir des secours aux femmes des suppliciés.

M. DE SERRES. — Permettez, c'était de ma poche; je ne les ai pas offerts au nom du ministère. De même que c'est de ma poche que j'ai fait la campagne en y consacrant une partie de mes ressources. Je n'ai voulu ni titre, ni uniforme. En figurant sur le décret, je n'ai accepté un traitement que forcé et je l'ai fixé de beaucoup inférieur à celui que j'ai dans ma position d'ingénieur, et parce que l'on m'a déclaré ne pouvoir faire autrement en me donnant une position officielle définie.

M. DE RAINNEVILLE. — Vous en aviez donc une; quelle était cette fonction?

M. DE SERRES. — Comme j'ai eu l'honneur de vous le dire, celle d'attaché au cabinet du ministre de la guerre.

Je n'aime pas à parler de moi, mais je puis dire que la campagne m'a coûté une somme relativement considérable. Je n'ai pas demandé de frais d'entrée en campagne, ni de frais de mission; j'ai consacré mes ressources matérielles et intellectuelles, comme j'aurais consacré ma vie, pour la terre de ma mère, pour le pays dont je crois tout tenir. (T. III, *dép. de Serres*, p. 44.)

Il se donna tant de mouvement qu'il se rendit importun à M. Gambetta lui-même.

M. Perrot. — Je dois vous faire connaître que, dans sa déposition, M. Gambetta a dit qu'à certains moments, probablement dans le trouble des choses, vous avez usurpé des pouvoirs que vous n'aviez pas (T. III, *dép de Serres*, p. 69.)

Voici l'historique de sa fameuse campagne :

Il y a là un fait qui se passa et qui a une certaine importance. Avant l'arrivée de Bourbaki, M. de Serres, qui était attaché à l'armée, vint à Besançon. Il était de très-bonne heure; on ouvrit les portes, et aussitôt je télégraphiai à Bourbaki tous les renseignements que je pouvais recevoir. Comme M. de Serres s'occupait beaucoup de tout, j'envoyai mon officier d'ordonnance lui dire qu'il y avait des mouvements de Prussiens qui s'indiquaient d'une manière très-claire pour couper la retraite à l'armée. Il pouvait les ignorer, je l'en prévenais. Il me fit répondre par mon officier d'ordonnance qu'il était fatigué, qu'il fallait le laisser dormir; que si j'étais plus habitué aux affaires de guerre, je ne m'inquiéterais pas de tels mouvements. Je lui renvoyai un officier d'état-major pour lui dire que ce n'était pas une chose en l'air, que cela avait une très-grande importance; que la position me paraissait excessivement critique, bien que lui ne la jugeât pas telle. Je n'ai pas fait d'études dans l'armée de terre, mais je voyais bien que la position devenait terrible. Il me fit répondre qu'il avait passé toute sa nuit dehors et qu'il me priait de le laisser dormir.

J'y fus alors moi-même dans la nuit; on m'apporta une lettre trouvée sur un soldat prussien fait prisonnier aux avant-postes, et qui disait à sa famille à peu près ceci. On s'imaginait, dans l'armée prussienne, que c'était Garibaldi qui était à la tête de l'armée française. Garibaldi, Bourbaki, ils confondaient les deux noms. Et comme le nom de Garibaldi, en ce moment, faisait beaucoup de bruit, ce soldat disait : « Enfin nous tenons Garibaldi dans notre traquenard; il n'a plus qu'une seule ressource, c'est de se jeter en Suisse. » Je pris cette dépêche avec moi et j'allai chez M. de Serres. Là je lui dis crûment ce qu'il en était : « Vous paraissez ne pas vous inquiéter de tout ce qui se fait, vous avez un calme incroyable. Voilà deux officiers que je vous envoie pour vous donner des renseignements, et ils n'ont pas été mieux accueillis l'un que l'autre. Voilà la preuve de ce que je vous ai fait dire. » Il parut très-surpris et il eut même un peu d'inquiétude. Le lendemain ou le surlendemain il disparut.

M. Perrot. — Il partit pour Bordeaux.

M. Rolland. — Oui. (T. III, *dép. général Rolland*, p. 468.)

Il faut convenir que dans cette circonstance il acquit sur son rival, M. de Freycinet, une incontestable supériorité : M. de Freycinet, plus prudent, ne s'était même pas mis dans le cas d'avoir à prendre la fuite.

En somme, les hauts faits de notre Polonais se bornèrent à faire fusiller ce pauvre diable d'épicier qui se fût bien passé que M. de Serres quittât son chemin de fer pour venir sauver la France.

Un beau jour, M. de Serres envoya au général Cremer la dépêche suivante :

« Chalon-sur-Saône, 27 septembre 1870.

« *De Serres à général Cremer, à Beaune.*

« Hier soir a été arrêté le sieur Arbinet, pourvoyeur et espion de l'ennemi occupant Dijon ; assurez-vous bien, avec l'autorité civile locale, de l'identité et qualité du personnage et faites-le fusiller aujourd'hui.

« *Signé* : DE SERRES. »

(T. III, *dép. Cremer*, p. 531.)

Le général Cremer, plus docile envers un suppôt du gouvernement du 4 septembre qu'il ne le fut depuis vis-à-vis d'un gouvernement plus régulier, n'hésita pas un instant.

M. LE COMTE DE BOISBOISSEL. — A la suite de cette dépêche, il y a eu un ordre émané de vous ?

M. LE GÉNÉRAL CREMER. — Oui.

M. LE COMTE DE BOISBOISSEL. — Voici cet ordre :

« ORDRE.

« Le 32° de ligne fournira un peloton d'exécution qui, en vertu d'ordre du Gouvernement de la Défense nationale, exécutera à quatre heures, à l'intérieur de la prison de

Beaune, le nommé Arbinet (Étienne), pourvoyeur et espion de l'ennemi occupant Dijon.

« *Le général commandant la* 1re *division du* 24e *corps,*

« *Signé* : CREMER.

(T. III, *dép. Cremer*, p. 534.)

Et le même jour, M. Cremer faisait fusiller ce malheureux, qui ne fut pas jugé. Ce fut un bel et bon assassinat.

M. CALLET. — De quelle date est l'exécution ?

M. LE GÉNÉRAL CREMER. — Du même jour que l'ordre d'exécution.

M. LE COMTE DARU. — A la même époque, le général Pellissier recevait un ordre semblable. Il s'agissait encore de fusiller un homme qui pourvoyait au ravitaillement des Prussiens.

Le général Pellissier répondit : « Fusiller un homme ! Mais où est le jugement de la cour martiale ou du conseil de guerre qui a prononcé la sentence ? Je ne puis pas faire fusiller au hasard, prendre la responsabilité d'une telle exécution. » Il refusa. Et vingt-quatre heures après, cet homme était reconnu innocent ! On ne dispose pas, monsieur, si légèrement de la vie humaine ! On ne reçoit pas de tels ordres sans faire des représentations !

M. LE GÉNÉRAL CREMER. — Il était connu de tout le monde que de Serres était commissaire du Gouvernement. (T. III, *dép. Cremer*, p. 533.)

Ainsi, selon M. Cremer, en République, un commissaire du Gouvernement peut faire fusiller les gens quand et comme il lui plaît. Cette doctrine est au moins singulière.

Devant la commission, M. de Serres s'excuse sans se troubler.

M. DE SERRES. — C'est incontestable ! et quant à moi je bondis quand on me dit : Vous avez ordonné de fusiller. J'ai demandé l'application aussi prompte que possible de la loi seule, le mot « aujourd'hui » l'indique. Dans ma pensée, cela voulait dire : Faites-le juger sur l'heure. C'était un appel à l'application sévère de la loi existante. Je n'avais pas à entrer dans les détails et à donner une leçon d'application des règlements militaires, que le général devait connaître mieux que moi et appliquer comme il l'entendrait. (T. III, *dép. de Serres*, p. 54)

Ce malentendu coûta plus cher au pauvre Arbinet qu'au Polonais et au général gambettiste : le premier perdit la vie, les deux autres en furent quittes pour une condamnation à un mois de prison.

Quoique étranger, M. de Serres, qui ne doute de rien, se présenta aux élections du 8 février, il va sans dire que cette candidature fantaisiste ne fut prise au sérieux par personne. Depuis il est retourné à son chemin de fer autrichien et il est redevenu Wieczffenski comme devant.

Pour revenir à M. Gambetta, le défenseur de feu Baudin, devenu une façon de Carnot, mais un Carnot à rebours, organisant la défaite tandis que l'autre organisait la victoire, donnait parfois ses ordres directement aux généraux. Le général Martin des Pallières se plaint amèrement de la direction despotique autant qu'inepte du ministère dirigé par M. Gambetta. (T. III, *dép. Martin des Pallières*, p. 243.) Il envoyait à ses préfets des circulaires dans lesquelles il critiquait amèrement les militaires opprimés par lui.

« Tours, 5 décembre 1870.

« *Intérieur à préfets, sous-préfets, etc.*

« Après divers combats livrés dans les journées des 2 et 3 décembre, qui avaient causé beaucoup de mal à l'ennemi, mais qui, en même temps, avaient arrêté la marche de l'armée de la Loire, la situation générale de cette armée parut tout à coup inquiétante au général commandant en chef, d'Aurelle de Paladines. Dans la nuit du 3 au 4 décembre, le général d'Aurelle parla de la nécessité qui s'imposait, suivant lui, d'évacuer Orléans et d'opérer la retraite des divers corps de l'armée sur la rive gauche de la Loire. Il lui restait cependant une armée de plus de deux cent mille hommes, pourvue de cinq cents bouches à feu, retranchée dans un camp fortifié de pièces de marine à longue portée. Il semblait que ces conditions exceptionnellement favorables dussent permettre une résistance qu'en tout cas les devoirs militaires les plus simples ordonnaient de tenter. Le général d'Aurelle n'en persista pas moins dans son mouvement de retraite. Il était sur place, disait-il ; il pouvait mieux que personne juger la situation des choses.

« Après une délibération prise en conseil de gouvernement, à l'unanimité, la délégation fit passer le télégramme suivant au commandant en chef de l'armée de la Loire :

« L'opinion du Gouvernement consulté était de vous voir tenir ferme à Orléans, vous servir des travaux de défense, et ne pas s'éloigner de Paris. Mais puisque vous affirmez que la retraite est nécessaire, que vous êtes mieux à même sur les lieux de juger la situation, que vos troupes ne tiendraient pas, le Gouvernement vous laisse le soin d'exécuter le mouvement de retraite, sur la nécessité duquel vous insistez et que vous présentez comme de nature à éviter à la défense nationale un plus grand désastre que celui même de l'évacuation d'Orléans. En conséquence, je retire mes ordres de concentration active et forcée à Orléans et dans le périmètre de vos feux de défense. Donnez des ordres à tous vos généraux en chef placés sous votre commandement. »

Cette dépêche avait été envoyée à onze heures. A midi, le général d'Aurelle de Paladines écrivait d'Orléans :

« Je change mes dispositions ; je dirige sur Orléans le 16e et le 17e corps ; j'appelle le 18e et le 20e. J'organise la résistance. Je suis à Orléans, à la place.

« D'AURELLE. »

Et le général Martin des Pallières, commentant ce fait, ajoute :

Ainsi, au moment où l'armée était en plein combat, en pleine retraite, où elle avait perdu toute espèce de chance de succès, au moment où dés ordres donnés à tous les généraux de se retirer, chacun de leur côté, sont en pleine exécution, le Gouvernement écrit au général en chef une lettre aussi pitoyable que celle-ci, une lettre dont les termes laissent lire entre les lignes qu'il est accusé d'avoir manqué de courage et de fermeté. C'est de là que sont sortis tous nos malheurs. Il est évident que si le Gouvernement avait laissé le général en chef faire ce qui convenait, au lieu de lui dicter des ordres, le général en chef aurait continué l'exécution de son plan, qui était bien conçu, et nous nous en serions tirés parfaitement. (T. III, *dép. Martin des Pallières*, p. 246.)

Un vaillant soldat, excellent officier, le général de Sonis, dépose devant la commission avec une douceur et une simplicité admirables, et cependant, après s'être battu comme un lion, après avoir été laissé pour mort sur le champ de bataille, il a été presque traité d'étourdi par l'avocat Gambetta.

M. LE GÉNÉRAL DE SONIS. — Je n'ai absolument rien à dire à la charge de personne. J'ai causé avec quelques amis de ce qui m'était arrivé, de certains faits qui, je crois, sont inconnus. Je ne sais pas si ce sont ces paroles qui ont provoqué une convocation devant la commission, mais je suis prêt à vous dire tout ce que je sais.

J'étais en Afrique, commandant la subdivision d'Aumale comme colonel d'abord et ensuite comme général de brigade. Après plusieurs démarches restées infructueuses, j'en fis une dernière près du délégué à la guerre, M. de Freycinet, et je lui demandai de partir quand même pour l'armée de la Loire, puisqu'il n'y avait rien à faire en Algérie. Je me serais contenté au besoin du rôle déjà assez noble de simple soldat. Je fus appelé comme général commandant une brigade de cavalerie du 17ᵉ corps. (T. III, *dép. de Sonis*, p. 255.)

. . . .

Permettez-moi d'ajouter un mot encore.

J'ai lu dans plusieurs récits qu'en voulant forcer les lignes prussiennes, j'avais été fait prisonnier. J'ai été blessé, je suis tombé sur le champ de bataille, mais je n'ai jamais été fait prisonnier.

J'ai appris, en revenant dans mes foyers, que le ministre de la guerre avait écrit que j'avais cédé à un mouvement d'élan, — je ne me rappelle pas exactement les termes. Je sais que, quand j'ai lu cette dépêche, je m'y suis vu représenté comme un écervelé, comme une espèce de sous-lieutenant auquel on voulait bien accorder encore un sentiment de bravoure, mais qui avait manqué à son devoir. Je sais ce que doit faire un sous-lieutenant et ce que doit faire un général. J'étais là, parce qu'il fallait aller là, marcher quand même, et mourir s'il le fallait pour éviter un plus grand désastre. Je suis tombé avec ceux qui avaient eu confiance en moi et qui m'avaient suivi ; je suis tombé, mais j'ai sauvé l'honneur, et je n'ai pas perdu un seul canon ce jour-là. (T. III, *dép. de Sonis*, p. 264.)

N'est-ce pas une indignité d'avoir ainsi méconnu un acte éclatant d'héroïsme si simplement accompli ! Mais M. Gambetta réservait ses sympathies aux bandes de brigands commandées par Garibaldi, — nous en parlerons, — qui n'avaient qu'un souci, éviter la rencontre des Prussiens.

Bien heureux étaient les généraux quand ils n'étaient ni insultés, ni destitués par M. Gambetta. Non-seulement il ne leur laissait aucune initiative, mais encore il ne les mettait pas dans le secret des folles combinaisons qu'il les condamnait à exécuter.

M. Ulric Perrot. — Lorsqu'on vous a confié le commandement de ce corps, vous a-t-on indiqué un plan, un objectif; ou bien faisiez-vous vos mouvements selon des instructions qu'on vous donnait jour par jour?

M. le général Crouzat. — Pendant tout le temps de cette campagne, quand nous étions sur un point, on nous disait: Demain vous irez sur tel autre. Nous n'étions pas du tout dans le secret de l'opération. (T. III, *dép. Crouzat*, p. 267.)

Il faut voir avec quelle gravité M. Gambetta, entre deux bocks, fait le major général:

«Tours, le 20 novembre 1870.

« Général,

« La lettre que vous avez reçue de M. de Freycinet a été délibérée avec moi, et je vous prie de la considérer comme l'expression sérieuse et rigoureuse de mes vues.

« Je me résume : il faut prendre trois mesures principales :

« 1° Il est de la plus évidente utilité d'avoir sur vos deux ailes des troupes solides et tout à fait disciplinées. Je me plais à reconnaître que, etc., etc. (T. III, *dép. d'Aurelle de Paladines*, p. 195.)

M. Gambetta, en maltraitant les généraux, se piquait d'imiter les Prussiens.

A la même époque, le général Mazure, à Lyon, le général de Monet, à Grenoble, le général Courtois, à Toulouse, et bien d'autres, étaient emprisonnés ou cassés. C'était l'application de la doctrine que recommandait M. Gambetta, dans une lettre à M. Jules Favre, en date du 16 juillet :

« Werder, disait-il, a été destitué. Les Prussiens ont la bonne méthode. Chez eux les généraux battus sont relevés de leurs commandements. (*Rapport Daru*, p. 445, *note*.)

Quelques-uns refusaient de plier devant ses caprices.

Nous en étions là, je le répète, quand M. Gambetta arriva. Il se présenta à moi, accompagné de M. Glais-Bizoin, pour me demander des détails sur la situation de l'armée, et si je persistais à refuser le ministère de la guerre. Je lui dis que j'avais fait connaître mes motifs au Gouvernement et que je persistais dans ma résolution, il me répondit : « Si vous n'acceptez pas, moi je prendrai le ministère de la guerre, car je ne puis en laisser l'intérim à M. Crémieux. »

Dès ce jour-là, M. Gambetta prit la direction du ministère de la guerre. Le même jour, je reçus des décrets nommant à divers grades des personnes qui ne se trouvaient pas dans les conditions voulues ou qui n'appartenaient pas à l'armée. Ces décrets, je les renvoyai, considérant ces nominations comme irrégulières.

Le ministre me fit appeler et me dit : « Vous vous refusez à ces nominations. Je suis ministre et je suis responsable. » Je répondis : « En effet, monsieur le ministre, vous êtes responsable ; moi aussi, je suis responsable aux yeux de mes camarades de l'armée. J'assume une responsabilité morale, que je redoute plus que la responsabilité matérielle. C'est pour cela que je ne puis concourir à ces promotions.» (T. III, *dép. Lefort*, p. 75.)

M. Gambetta contraignait les chefs militaires à opérer dans les plus mauvaises conditions, sans vouloir tenir compte de l'inexpérience des soldats qu'il leur donnait, et de la faiblesse des moyens d'action qu'il mettait à leur disposition.

M. LE GÉNÉRAL BOURBAKI. — J'ai toutes les dépêches et dès qu'on le voudra, je les produirai.

Je ne vois pas pourquoi on était si pressé d'agir ; l'imagination était montée. M. Gambetta voulait faire marcher des hommes qui n'étaient pas organisés ; à peine la toile était-elle tissée qu'elle était employée ; aussi s'en allait-elle en charpie. Je le lui ai dit : « A la guerre, on fait quand on croit réussir ; on ne s'expose pas bénévolement à démoraliser une armée en la faisant battre. » Malgré toutes mes observations, on ne cessait de me dire : *Il faut faire !* (T. III, *dép. Bourbaki*, p. 350.)

Le dictateur avait peu de sympathie pour l'illustre et malheureux commandant en chef de l'armée de l'Est. Le général Bourbaki, après être sorti de Metz par suite d'une intrigue de M. de Bismarck restée fort obscure — affaire Régnier — s'était rendu à Tours et, par patriotisme, malgré le mépris que le Gouvernement nouveau lui inspirait, il s'était mis à la disposition de M. Gambetta. Ses services furent acceptés : il avait été plus heureux que le général comte de Palikao.

Quelques jours après, j'allai trouver M. Tachard, qui était délégué du ministre français à Bruxelles, je lui dit : « Monsieur, je souffre de voir mon pays envahi par les Prussiens, si le Gouvernement de la Défense nationale veut accepter mes services, je lui offre mon épée. » M. Tachard causa avec moi assez longtemps, et me dit : « Je vais en écrire de suite. » Il écrivit ; j'ai su depuis, par quelqu'un qui était présent au conseil, que la question fut discutée ; M. Crémieux était disposé à m'accepter, mais M. Gambetta est arrivé, et n'a voulu à aucun prix en entendre parler. Je tiens ce détail d'un membre du conseil. (T. I, *dép. Palikao*, p. 169.)

Le général Bourbaki estimait qu'il valait mieux traiter que continuer la guerre sans aucune chance de succès. Il écrivait dans ce sens à l'amiral Fourichon, qui s'était mis à la remorque de M. Gambetta.

J'essayerai avec courage et dévouement tout ce que l'on m'ordonnera de faire ; mais si, au lieu d'être un agent de combat, j'étais un agent de pensée, je voterais pour un armistice et pour la paix.

C'est peut-être un défaut d'éducation ; autant j'ai confiance dans les soldats qui ont le respect et la crainte de leurs chefs, l'amour du drapeau, autant je me défie des ramassis d'hommes qui, sans discipline, sans connaissance de leurs officiers, doivent combattre en rase campagne.

Dieu, qui protége la France, infligera peut-être un démenti à mes croyances, et j'en serais fort heureux.

A vous de tout cœur.

Signé : BOURBAKI,

(T. III, *dép. Gambetta*, p. 448.)

A des généraux tels que Bourbaki, M. Gambetta préférait de beaucoup des gens comme M. Faidherbe et M. Billot, qui flattaient ou sa manie de révolutionnaire ou ses idées de guerre à outrance.

Sous l'Empire, M. Faidherbe quémandait, non sans bassesse, un avancement qui lui fut accordé avec trop de facilité peut-être. Les journaux du temps ont publié une lettre adressée par lui au prince Napoléon, et qui contrastait singulièrement avec les opinions dont il fit ensuite parade. C'est d'ailleurs un fort curieux militaire ; il déclara ne pas aimer la guerre.

Pour ce qui me concerne, lorsqu'on a déclaré la guerre, j'ai offert mes services au ministre. On m'a dit que toutes les places étaient données. Cette offre de service, je l'ai faite pour l'acquit de ma conscience, car *je n'aime pas la guerre, plutôt parce que je l'ai faite toute ma vie.* Quelque temps après on me renvoya en Algérie. Après Sedan, on fit appel à tous les officiers. J'écrivis au ministre de la guerre que j'étais à sa disposition. Cette fois on me répondit en me donnant le commandement de l'armée du Nord. (T. III, *dép. Faidherbe*, p. 543.)

A entendre M. Faidherbe, on dirait qu'il a versé son sang sur tous les champs de bataille de l'Europe. La vérité est qu'il a, durant de longues années, guerroyé contre les nègres du Sénégal, qui lui ont offert à leurs dépens des occasions de faciles succès.

N'aimant pas la guerre, il était naturel qu'il ne fût pas très-porté à la guerre à outrance. Il eut à ce sujet une conversation avec M. Gambetta, et il se flatte que cette conversation a produit quelque impression sur l'esprit du dictateur.

J'ai eu une conférence avec M. Gambetta. Nous avons parlé de la situation politique, et surtout de la situation militaire. M. Gambetta était persuadé qu'on allait continuer la guerre et qu'on arriverait à de bons résultats. — Je lui ai dit : « Je suis d'un avis opposé; l'honneur exigeait qu'après Sedan on continuât la lutte, mais aujourd'hui je ne crois pas que Paris puisse tenir longtemps, et une fois Paris tombé, il n'y a pas de résistance possible. Dans le Nord, nous serions écrasés en un mois ; et dans le Midi, quelle résistance espérer? Les populations n'y sont pas portées à la défense et le pays ne s'y prête pas. Les guérillas sont possibles dans des pays de montagnes. ou couverts de forêts; mais dans un pays riche comme la France, où tout le monde est habitué au bien-être, est-ce que cette guerre de guérillas est possible? — Mais si vous n'espérez pas le succès, comment ferez-vous? — Je ferai mon métier de soldat. Jusqu'à ce que je reçoive de mon gouvernement l'ordre de déposer les armes, je me battrai. »

Voilà à peu près la conversation que j'ai eue avec M. Gambetta, et je crois que la conversation a fait quelque effet sur lui.

M. le Président. — Pas le moins du monde, général. En vous quittant M. Gambetta est venu à Cherbourg; il a été reçu par l'amiral. Il a eu là une conversation analogue à celle que vous venez de nous rapporter. Après avoir plaidé la cause de la guerre à outrance, il a ajouté : « Eh bien ! messieurs, si vous ne voulez pas la guerre avec la Prusse, vous aurez *la guerre civile.* »

Son entourage était imprudent. Il faisait non pas de la défense à outrance, mais de la politique à outrance, et de la mauvaise politique. (T. III, *dép. Faidherbe*, p. 542.)

M. Faidherbe avait confié le commandement de ses mobilisés à un nommé Robin, ancien capitaine d'infanterie de marine en retrait d'emploi que M. le comte Daru qualifie de « mauvais sujet. » M. Faidherbe avait une grande tendresse pour le général Robin, et ce ne fut qu'après une série d'actes violents, couronnés par une lâcheté insigne, que M. Faidherbe se décida à se priver de ses services.

A propos de l'équipement de ses soldats, M. Faidherbe dit un mot superbe.

M. LE PRÉSIDENT. — Avez-vous su ce qui se passait pour l'habillement des mobilisés, pour leurs chaussures ?

M. LE GÉNÉRAL FAIDHERBE. — *A part les souliers à semelles renfermant du carton, les hommes étaient bien habillés.* Le département du Nord est un pays si riche et qui offre tant de ressources ! (T. III, *dép. Faidherbe*, p. 541.)

C'était par ses protestations de républicanisme que M. Faidherbe se conciliait la sympathie de M. Gambetta. Nous en disons autant du général Billot.

M. le lieutenant-colonel Billot s'était évadé de Metz après la capitulation à la fin de la guerre ; cet officier, en quelques mois, avait trouvé le moyen de se faire nommer général de division. La commission de révision des grades, dont les décisions n'eurent guère d'autre règle que le caprice, ne fit descendre M. Billot que d'un grade et lui laissa son titre bien facilement gagné de général de brigade. Nous nous empressons d'ajouter que M. Gambetta n'a pas eu affaire à un ingrat : M. Billot s'est voué corps et âme à un parti dont le chef récompensait avec une telle munificence des talents problématiques. Il s'est fait élire à l'Assemblée et il y donne l'exemple édifiant d'un militaire quasi communard. M. le colonel Denfert, que le général Changarnier a surnommé *Casemate*, en raison du sentiment exagéré de la conservation personnelle dont il fit preuve durant la défense surfaite de Belfort, est un autre spécimen heureusement fort rare du même genre.

M. Billot, s'il n'est pas un grand général, est du moins un fort habile homme. Il se fit un piédestal de l'affaire de Beaune-la-Rolande. Il laissa toute la journée le général Crouzat aux prises avec des forces écrasantes, lui disant d'heure en heure « J'arrive » et ne bougeant pas. Il n'en eut pas moins l'aplomb de vanter son héroïsme à Tours, et c'est ainsi qu'il gagna ses épaulettes de général.

M. LE GÉNÉRAL CROUZAT. — Ce dont je suis sûr, c'est que le soir de Beaune-la-Rolande, le général Billot a envoyé une dépêche à Tours dans laquelle il dépeignait la conduite héroïque de son 18ᵉ corps. Cette dépêche lui valut l'ordre du jour « d'avoir bien mérité de la patrie » et sa nomination de général de brigade à titre définitif et de général de division à titre provisoire. Je n'ai pas eu la dépêche du général sous les yeux, mais je ne doute pas de son existence.

M. PERROT. — Vous supposez qu'elle a existé. Il y a, en effet, ceci de remarquable, c'est qu'à la suite de cette affaire, les récompenses ont été surtout données au 18ᵉ corps.

M. LE GÉNÉRAL CROUZAT. — Oui.

M. PERROT. — Est-ce que dans votre appréciation des faits, le 18ᵉ corps a fait plus que le 20ᵉ?

— 152 —

M. LE GÉNÉRAL CROUZAT. — Il a fait moins que le 20ᵉ, car le 20ᵉ a tenu tête à l'ennemi depuis le matin jusqu'à cinq heures et demie, tandis que le 18ᵉ n'a combattu qu'autour de Juranville.

M. DE SUGNY. — Mon collègue M. Callet se rappelle que l'opinion publique, à Lyon, fut très-émue de ce fait que, pour le 20ᵉ corps, composé de mobiles de la Loire qui avaient vaillamment combattu sous le commandement du général Crouzat, il n'avait été décerné aucun éloge, lorsqu'on les réservait tous au 18ᵉ corps, qui n'avait rien fait ; de plus, dans l'opinion publique à Lyon, on était très-mécontent de ce que le 18ᵉ corps n'était pas arrivé au secours du 20ᵉ.

M. PERROT. — C'est le point que je voulais préciser.

M. LE PRÉSIDENT. — Le général en a déposé très-clairement et avec des faits à l'appui.

M. LE GÉNÉRAL CROUZAT. — Le 18ᵉ corps est arrivé, à cinq heures du soir, pour tirer des coups de fusil sur le 20ᵉ. On m'avait bien dit de dresser des états de récompenses, mais on ne m'en a plus parlé ensuite. (T. III, *dép. Crouzat*, p. 276.)

On voit que M. Billot était tout à fait un général comme il en fallait à M. Gambetta.

Nous avons vu que, semelles de carton à part, M. Faidherbe était ravi de l'équipement de ses soldats. Ceux-ci et leurs chefs, que le gambettisme ne possédait pas au même degré, ne partageaient pas la satisfaction de M. Faidherbe.

M. LE PRÉSIDENT. — Nous avons plusieurs rapports de commandants de mobilisés, qui exposent les souffrances de leurs malheureux soldats, et qui signalent les fraudes commises par les fournisseurs. Ils disent que la mauvaise qualité des vêtements a fait plus de mal que le feu de l'ennemi.

Voici un passage d'un de ces rapports :

« La 3ᵉ légion du Nord a vu, en quinze jours, son effectif réduit de 3,750 hommes à 400, perte énorme, attribuée à la mauvaise qualité des armes, des munitions, des vêtements, des chaussures, les soldats ne pouvant pas combattre nu-pieds. » (T. III, *dép. Testelin*, p. 555.)

Un autre gambettiste, M. Testelin, commissaire général de la défense, partage l'optimisme de M. Faidherbe. D'après lui, ce ne sont pas les fournitures qui étaient mauvaises, mais le temps qui a été défavorable ; il est persuadé que sans la pluie les chaussures de carton auraient fait merveilles.

..... Il n'a pas cessé de pleuvoir, et quarante-huit heures après il gelait à 10 degrés. Quant aux chaussures, qui ont été usées au bout de quinze jours, si vous avez fait campagne....

M. LE PRÉSIDENT. — Pardon, il ne s'agit pas de quinze jours : on mettait des chaussures le matin, elles étaient usées à midi ; celles qu'on mettait à midi étaient hors de service le soir. (T. III, *dép. Testelin*, p. 555.)

Les armes valaient l'équipement, n'en déplaise au même M. Testelin, pour qui les rapports d'où il résulte que des armes hors d'état de servir étaient fournies par des voleurs à des agents concussionnaires, ne sont, c'est sa propre expression, que des cancans.

M. Testelin. — Je ne comprends pas qu'on s'en tienne à des rapports qui ne sont que des cancans du premier venu. En quittant l'armée, les mobilisés ont dû déposer leurs armes dans des arsenaux. Qu'on demande un rapport sur leur qualité aux chefs de ces arsenaux.

M. le Président. — Permettez-moi de vous répondre qu'un rapport officiel n'est pas un cancan et qu'un contrôleur d'armes n'est pas le premier venu.

Voici le texte du rapport :

« Les soussignés, contrôleurs d'armes chargés par M. Fontaine de procéder à une visite préparatoire des fusils achetés à M. Lehmann par M. Baron, délégué de la préfecture de Lille, se sont rendus chez M. Mordant, fabricant d'armes, qui s'est chargé de la mise en état des fusils dont il s'agit, et, après avoir examiné une certaine quantité desdits fusils, ont constaté ce qui suit :

« 1° Canons n'ayant pas le diamètre voulu pour la cartouche, ... tant ;

« 2° Canons ayant le diamètre voulu, mais n'offrant plus aucune garantie de solidité dans les parois, ... idem.

« 3° Rayures incomplètes, c'est-à-dire faites dans une partie du canon et manquant sur une certaine étendue, le canon n'étant pas cylindrique, ... idem ;

« 4° Bois vermoulus, cassés ou trop usés, ... idem ;

« 5° Tous les fusils ont besoin d'être remis à neuf, vu l'état de rouille où ils se trouvent en général.

« En un mot, les soussignés déclarent qu'ils ne peuvent engager leur responsabilité en acceptant des armes d'une aussi mauvaise qualité et ne pouvant faire un bon service, même pour la garde nationale.

« Si leur jugement ne paraît pas suffisamment convain-
cant pour les autorités de Lille, il serait convenable alors
d'en appeler à une commission nommée par la direction de
la manufacture royale à Liége. Cette commission, composée de contrôleurs, ferait un rapport nouveau plus
détaillé, si c'est nécessaire. » (T. III, *dép. Testelin*, p. 554.)

On entend M. Gambetta débiter des axiomes de cette
force : «Il faut bien se garder de croire que, pour faire
bonne contenance devant l'ennemi, il ne faille que des
armes de premier choix. »

M. LE COMTE DE RESSÉGUIER. — Tous les officiers
qui ont déposé sont unanimes pour nous dire que non-
seulement ces hommes n'étaient pas exercés, mais que
leurs armes étaient hors de service. Le Gouvernement en
a été prévenu ; on lui a déclaré que c'était un crime de
mener ces recrues devant l'ennemi, et il a passé outre.

M. LE COMTE DARU. — Vous n'avez pas connu ces
faits ?

M. GAMBETTA. — Il faut bien se garder de croire que,
pour faire bonne contenance devant l'ennemi, il ne faille
que des armes de premier choix. Il fallait bien se résigner
à faire la guerre avec les armes que nous possédions.

M. LE COMTE DE RESSÉGUIER. — Oui, mais avec des
armes dont la lumière n'est pas percée ?

M. GAMBETTA. — Je voudrais voir cela pour le
croire.

M. LE COMTE DE RESSÉGUIER. — On nous l'a déclaré.

M. Gambetta. — Je ne le crois pas.

Un Membre. — Croiriez-vous le témoignage de l'amiral Jauréguiberry ?

M. Gambetta. — Certainement. (T. III, *dép. Gambetta*, p. 553.)

Or, l'amiral Jauréguiberry, gambettiste renforcé, a comparu devant la commission ; il a commencé par se plaindre vivement qu'on ait prétendu lui extorquer un témoignage contre son patron Gambetta ; il a fait toutes les restrictions qu'il a pu, et en fin de compte, sa déposition reste accablante pour celui qu'il voulait innocenter.

.... Ils auraient bien voulu entrer au Mans, mais ils ne pouvaient pas, parce que l'unique pont qui y conduit était rigoureusement gardé par un détachement de gendarmerie. Ces hommes criaient, voulaient à tout prix passer ; j'envoyai mes aides de camp essayer de mettre un peu d'ordre dans cette foule, tâcher de les ramener au feu, je m'y rendis moi-même ; mais rien ne réussit. Ces hommes se plaignaient de n'avoir pas eu d'armes en bon état ; on me présenta des fusils excessivement rouillés, tellement rouillés que dans plusieurs d'entre eux on avait toutes les peines du monde à retirer la baguette des tenons. Il fallait que quelqu'un tînt le fusil par la crosse pendant qu'un autre tirait sur la baguette pour la faire sortir des tenons. Vous savez que lorsqu'on délivre les fusils aux hommes, la baïonnette est ordinairement renversée sur la baguette. Eh bien, il y avait de ces fusils sur lesquels la baïonnette était depuis longtemps dans cette position. *Évidemment personne n'avait, lors de la livraison, visité ces armes-là.* L'impression que j'ai conservée et qui fut alors partagée, du reste, par tout mon entourage, sans exception, c'est qu'aucun officier ne s'était occupé de faire nettoyer ces fusils et d'examiner dans quel état ils pouvaient être. *Il y avait là plus que le fait d'hommes qui ont couché dans la boue, dans la neige, leurs armes à côté d'eux.* (T. III, dép. Jauréguiberry, p. 295.)

Nos ennemis eux-mêmes ont été frappés de l'impudence et de l'inhumanité de cet avocat, qui, de son cabinet bien chauffé et à distance des champs de bataille, envoyait à la boucherie la fleur de la jeunesse française.

Un des chefs de l'état-major de l'armée prussienne, dans un livre intitulé : *la Guerre sur le Rhin,* s'exprime ainsi :

« Il est presque impossible d'admettre qu'un homme de loi ait eu la folle présomption de vouloir s'ériger en général en chef et dicter des plans de campagne à des hommes du métier, dans une situation aussi critique que celle où se trouvait la France après Sedan... Se posant en prophète inspiré, il poussait le cri de guerre à outrance. Pour lui faire ouvrir les yeux à l'affreuse réalité, il eût été bon de le vêtir des haillons qu'il faisait distribuer à ses soldats pour une campagne d'hiver, et de l'incorporer parmi ces malheureux pendant huit jours seulement.

« Comment les armées de la Loire auraient-elles eu confiance, dans l'état moral et matériel où nous les avons vues, commandées par les officiers improvisés que la délé-

gation de Tours leur donnait ?... Dans cette campagne,
où d'ailleurs la bravoure française est restée ce que Dieu
l'a faite, un seul homme nous inspira des craintes sé-
rieuses, le général d'Aurelle, dont les talents fussent peut-
être parvenus à tirer bon parti des éléments qu'on lui avait
donnés. Heureusement M. Gambetta, maître souverain
à cette époque, n'eut rien de plus pressé que de nous en
débarrasser ; nous ne saurions trop l'en remercier en notre qualité de Prussien. » *(Rapport Daru, p. 445, notes.)*

Si M. Favre mentait en annonçant à M. Gambetta de
prétendues victoires (voir p. 49), celui-ci usait d'une char-
mante réciprocité.

La dépêche de Gambetta ne nous arriva que le 9 janvier, mais elle portait la date du 23 décembre, et elle était
expédiée de Lyon. Voici comment Gambetta expliquait la
situation :

« Démoralisation et lassitude chez les Prussiens. Belfort approvisionné pour huit mois. Toute la ligne bien
gardée de Montbéliard à Dôle, de Dôle à Autun, le Mor-
van et le Nivernais jusqu'à Bourges.

« Excellente situation de Bourbaki ; manœuvre dont on
attend les meilleurs résultats. »

Le général Trochu a déclaré que ce plan entre les mains
de Bourbaki était bon, mais qu'il venait un peu tard.

La dépêche ajoute :

« Chanzy a fait lâcher prise aux Prussiens. Il refait ses
troupes et va reprendre l'offensive.

« Le Havre est dégagé ; Rouen abandonné après avoir

été pillé. Les gardes nationaux mobilisés deviennent, au feu, d'excellents soldats. Le pays est, comme nous, résolu à la lutte à outrance. »

M. LE PRÉSIDENT. — On ne peut pas mentir plus complétement. (Assentiment.) (T. I, *dép. Ferry,* p. 415.)

On sait comment M. Gambetta traita le suffrage universel. On lui reproche sa dictature devant la commission.

M. LE COMTE DE RESSÉGUIER. — Vous avez empêché la représentation nationale, puisque vous n'avez pas voulu convoquer d'Assemblée ; il n'y avait pas de conseils municipaux, puisque vous les aviez dissous et que vous ne les avez pas fait réélire ; pas de conseils généraux, puisqu'ils n'ont pas été, non plus, réélus ; et alors vous avez, pour ainsi dire, livré la France à la direction politique d'un seul et unique parti. Cela est contraire à la théorie que vous exprimiez, qu'il fallait faire appel à tous les dévouements. (T. I, *dép. Gambetta,* p. 571.)

Au fond, M. Gambetta, avec tous ses discours, toutes ses proclamations et ses allures dictatoriales, n'était qu'une marionnette entre les mains des Ranc, des Spuller et d'un groupe de Jacobins capables — M. Ranc l'a montré — des crimes les plus odieux. Quand ces personnages en sous-ordre comparurent devant la commission, ils se renfermèrent dans une réserve qui n'était pas exempte d'insolence.

Dans ce genre, la déposition de M. Spuller est typique : « ..... Il ne sait rien..., il ne se rappelle pas, ses souvenirs sont confus... il n'avait pas de fonctions déterminées... M. Gambetta sait toutes ces choses bien mieux que lui, etc. »

C'est tout au plus si on en tire ce témoignage sur *Pipe-en-Bois* :

M. CALLET. — Et M. Cavalier ?

M. SPULLER. — Il a fait partie également du même cabinet du directeur du personnel.

M. CALLET. — Est-il parti de Paris avec vous ?

M. SPULLER. — Non, il est parti avec M. Laurier.

M. CALLET. — Il n'avait pas d'attributions spéciales ?

M. SPULLER. — Aucune autre que celle de commis auprès de M. Gambetta.

C'était un employé actif, scrupuleux, très-convenable, très-discret. On a toujours été excessivement satisfait de son travail, qui n'a jamais donné lieu à une plainte.

Si j'avais exercé une autorité quelconque, si je pouvais me prévaloir de la situation que j'avais alors, je pourrais dire que M. Cavalier était sous mes ordres. Mais je ne veux pas tenir ce langage, tenant à ne pas sortir du terrain sur lequel je me suis placé ; je dirai seulement que j'ai assisté aux travaux de M. Cavalier, et que je peux rendre témoignage de son zèle, de sa modestie parfaite, de sa discrétion absolue. C'était un employé modèle.

J'en dirai tout autant des autres employés. Le cabinet était composé entièrement de jeunes gens modestes, travailleurs, dévoués, que nous connaissions d'ailleurs personnellement, mais qui n'ont jamais eu en politique aucune espèce d'action ni d'influence. (T. IV, p. 453.)

Il est curieux de comparer ce témoignage sur ces jeunes gens « modestes, travailleurs, dévoués, » avec la déposition du général Lefort, p. 110.

Quant aux autres personnages qui entouraient M. Gambetta : les Esquiros, les Gent, les Lissagaray, les Challemel-Lacour, des volumes ne suffiraient pas au récit de leurs prouesses. Le « *fusillez-moi ça!* » de M. Challemel-Lacour est devenu populaire.

..... Au nombre de ces troupes se trouvaient les mobiles de la Gironde, occupant le village de Vénissieux. Ils étaient très-bien commandés et on pouvait en tirer grand parti. Quelques-uns de ces mobiles, jeunes gens de famille, ayant de la fortune, se livraient à quelques petits exploits de jeunesse, qui n'avaient rien de grave. A ce propos, il y eut des rapports envenimés entre le maire et ce bataillon, et c'est à leur suite que survint le fameux rapport du maire de Vénissieux, sur lequel M. Challemel-Lacour avait écrit en note : « Fusillez-moi ces gens-là ! » Il me fut envoyé par M. Challemel-Lacour. Lorsque je vis en marge cette annotation, je n'y fis pas autrement attention, et je laissai ce rapport sur mon bureau. Comment M. de Carayon-Latour en a-t-il eu connaissance? je ne le sais pas exactement ; je l'aurai probablement fait appeler, et je lui aurai dit : « Voilà ce que l'on écrit sur votre bataillon. » C'est ainsi, sans doute, qu'il vit l'annotation, à laquelle je ne fis pas, je le répète, autrement attention. Il fut heureux que cette annotation tombât entre mes mains, car entre les mains de certains chefs de francs-tireurs, elle eût pu être extrêmement dangereuse, quoique dans un bataillon comme celui des mobiles de la Gironde, il eût été difficile de venir prendre M. de Carayon-Latour pour le fusiller. Quoi qu'il en soit, je laissai la chose de côté, et ne la pris pas au sérieux.

M. le Président. — Vous vous souvenez parfaitement de cette annotation?

M. le général Bressolles. — Parfaitement, je la vois encore.

M. le Président. — Vous l'avez déclaré dans une lettre qui a été rendue publique et que vous confirmez. (T. IV, *dép. Bressolles*, p. 311.)

M. Lissagaray, ami personnel de M. Gambetta et qui prit part à la Commune comme beaucoup d'autres amis du dictateur, fut envoyé par lui au général Chanzy pour l'espionner.

M. le général Chanzy. — Je ne suis pas bien sûr qu'il n'y ait pas eu de ces commissaires dissimulés sous des habits militaires.

On m'a envoyé M. Lissagaray sous l'uniforme de chef d'escadron. Je n'ai pas admis un instant que M. Lissagaray fît partie de mon état-major. Toutes les fois que je me suis aperçu que je pouvais avoir affaire à un envoyé de ce genre, je refusai de le recevoir. Si on avait voulu me l'imposer, j'aurais demandé à être relevé de mon commandement. (T. III, *dép. Chanzy*, p. 218.)

Ce personnage avait été nommé organisateur de ces fameux camps dont il a été tant parlé et dirigé sur Toulouse. Déjà dévoré de cet amour du galon dont furent possédés les communards, il demandait à cor et à cri qu'on l'assimilât à un général de division et qu'on lui attribuât des insignes distinctifs.

M. Lissagaray insiste dans sa correspondance non-seulement pour cette assimilation, mais pour avoir une autorité supérieure à celle du général Demay.

M. LE PRÉSIDENT. — Il est nécessaire de lire cette lettre :

« Si je crois l'assimilation indispensable, ce n'est pas, vous le pensez bien, par un sentiment de vanité, mais parce qu'il est nécessaire d'avoir sur les troupes au milieu desquelles on vit une autorité militaire. Une épée, une écharpe, un képi, des honneurs en sont les signes extérieurs... » (T. IV, *dép. Périn*, p. 618.)

On ne sera pas étonné d'apprendre que ce républicain volait le plus qu'il lui était possible.

M. LE PRÉSIDENT. — Nous étions en droit de vous dire qu'on avait fait un abus singulier des deniers de l'État, quand un chef de bataillon payé comme général de division recevait en outre par jour, indûment, 66 fr. 69 c.; quand M. Lissagaray touchait indûment, par jour, 73 fr. 40 c. de plus que sa solde, et n'achetait pas même avec l'argent qu'il recevait les chevaux qu'il devait monter. (T. IV, *dép. Périn*, p. 613.)

Quant aux villes du Midi dont les Gent, les Esquiros, les Delpech, les Labadié se disputaient le commandement, on ne peut se faire une idée du désordre qui y régnait.

Marseille était terrorisée par une bande qui s'intitulait garde civique. Ces étranges soldats recevaient une solde de 4 francs par jour.

M. GUIBERT. — Je crois qu'ils ne recevaient que 4 fr. par jour; ils couchaient la nuit sur les canapés de satin.

M. Labadié m'a dit avoir beaucoup souffert de leur présence violente et de leurs soupçons. MM. Esquiros et Delpech ont été, disait-on, leurs prisonniers plusieurs heures.

M. LE PRÉSIDENT. — Ils tiraient les uns sur les autres des coups de revolver?

M. GUIBERT. — Klingler, dans une des salles de la préfecture, tira un coup de revolver sur Albert Baume; celui-ci eut l'un de ses favoris traversé par la balle, qui alla se loger dans la corniche du plafond. Klingler faisait partie de la commission départementale; il était à mon avis à peu près fou, j'avais remarqué l'incohérence de son langage; il n'était pas le seul en cet état; c'est lui et non Léonce Jean qui fut tué par les soldats qu'il commandait, lorsqu'à la guerre ils le virent, sans raison, brûler la cervelle à bout portant à un officier de mobiles. (T. IV, *dép. Guibert*, p. 583.)

M. Esquiros ne se gênait pas pour témoigner le mépris que lui inspirait le gouvernement de Tours.

M. L'AMIRAL FOURICHON. — Pour vous donner une idée de la nature des rapports de M. Esquiros avec la délégation, je rappellerai seulement une dépêche qui était ainsi conçue : *Si je me retire, ce ne sera pas devant la difficulté de ma tâche, mais devant la lâcheté du gouvernement.*

Il y avait certainement de la folie dans toutes ces gredi- neries républicaines.

Quand, au mois d'octobre, il fut question d'un armistice négocié par le gouvernement de Paris, M. Gambetta se montra fort mécontent. Il s'en explique avec M. de Freycinet, lequel, comme son patron, trouvait son profit à la guerre à outrance.

Lettre de M. Gambetta à M. de Freycinet sur l'armistice.

« Tours, le 4 novembre 1870.

« Je constate avec vous, avec une égale inquiétude, la détestable influence des hésitations politiques du Gouvernement, dont le résultat évident est d'énerver et de déconcerter nos efforts militaires et le moral de nos généraux et de nos soldats. Mais il faut réagir et redoubler d'énergie. J'ignore si le Gouvernement de l'Hôtel de Ville est enclin à traiter. *Pour moi, je ne connais que mon mandat, qui est la guerre à outrance.*

« En conséquence, en dépit de toutes les fausses manœuvres, de toute mauvaise direction diplomatique ou autre, ne vous laissez arrêter ni retenir par des tentatives de négociations dont je repousse la responsabilité.

« Nous avons eu le malheur de voir une première fois notre plan offensif, si sagement combiné, entravé par l'intervention de... Il ne faut pas rester plus longtemps sous le coup de cette... ingérence. Il faut reprendre notre ligne de conduite et arrêter aujourd'hui nos mouvements en avant, dont vous me communiquerez tous les moyens. Je mettrai à votre disposition les mesures les plus énergiques, et si la fortune peut être forcée par notre résolution, nos études, nos dévouements, la patrie ne pourra rien nous reprocher, et nous trouverons dans notre conscience la récompense du devoir accompli.

« Donc, c'est la guerre, ne perdez pas une minute, et en avant !

« Signé : LÉON GAMBETTA. »

(Rapport Daru, p. 390.)

Où ce « fou furieux » avait-il pris qu'il avait un mandat de guerre à outrance, et qui lui avait donné ce mandat ?

Lorsque l'armistice fut enfin conclu le 28 janvier, M. Gambetta comprit la faute capitale commise par M. Jules Favre en exceptant l'armée de l'Est des effets de l'armistice.

Cette nouvelle fut un coup de foudre pour M. Gambetta. L'armée de l'Est n'était pas comprise dans l'armistice ! Il ne l'avait pas su ! Il adressa immédiatement à M. J. Favre une lettre irritée.

« L'ajournement inexplicable, auquel votre télégramme ne faisait aucune allusion, des effets de l'armistice en ce qui touche Belfort et les départements de la Côte-d'Or, du Doubs et du Jura, donne lieu aux plus graves complications. Dans la région de l'Est, les généraux prussiens poursuivent leurs opérations sans tenir compte de l'armistice, alors que le ministre de la guerre, croyant pleinement aux termes de votre impérative dépêche, a ordonné à tous les chefs de corps français d'exécuter l'armistice et d'arrêter leurs travaux, ce qui a été exécuté religieusement pendant quarante-huit heures. Il faut sur-le-champ fixer l'application de l'armistice à toute la région de l'Est et réaliser, comme c'est votre devoir, cette entente ultérieure dont parle la convention du 28 janvier. Entre temps, nous autorisons les généraux français à conclure des suspensions d'armes d'une durée nécessaire pour nous faire parvenir et nous communiquer les lignes de démarcation arretées ou proposées par eux. Je vous prie de me faire prompte réponse. » (*Rapport Daru*, p. 390.)

Mais les Allemands profitèrent jusqu'au bout de l'impéritie de M. Jules Favre, et Bourbaki en fut la victime.

Quand M. Gambetta poursuivait son rêve de la guerre à outrance, il sentait que la paix était pour lui le signal de la retraite, et il lui en coûtait de quitter un pouvoir qu'il avait exercé despotiquement. Il songea un moment, comme le dit M. de Kératry, à s'appuyer sur les forces démagogiques organisées sous le nom de *Ligue du Midi*, et ce fut au dernier moment qu'il recula, non par scrupule de conscience, mais par pusillanimité. Les Gambetta, les Ledru-Rollin et tous les agitateurs de profession sont prodigues de belles paroles, mais quand il s'agit de payer de leur personne, quand ils ont devant eux l'éventualité d'un insuccès qui peut leur coûter la vie, ils disparaissent. C'est ce que fit M. Gambetta.

M. Jules Simon avait été envoyé de Paris pour mettre à la raison le trio Crémieux-Fourichon-Gambetta. Nous lui laisserons raconter cet épisode de l'histoire du Gouvernement de la Défense nationale. Le maire Fourcand, républicain très-épeuré, lui refusa son concours, mais il obtint l'appui du premier président Cellerier et du général Folz.

M. Folz, à qui je fis connaître mes pleins pouvoirs, n'eut pas un moment d'hésitation, et je pus être certain dès lors que si je ne réussissais pas comme je l'espérais à éviter une lutte, la lutte serait courte et décisive.

Pendant ce temps, je ne négligeai rien pour donner la plus grande publicité possible au décret du gouvernement de Paris sur les élections ; cela n'était pas très-facile. Les membres de la délégation de Bordeaux avaient donné au *Journal officiel* l'ordre de ne pas recevoir mes communications ; le télégraphe me fut également fermé ; on défendit d'afficher mes proclamations, si j'essayais d'en faire ; enfin, j'étais, à juste titre, persuadé que mes lettres, si j'en écrivais directement, courraient risque d'être interceptées. Pour déjouer ces manœuvres, j'utilisai le zèle de quelques amis qui partirent par le chemin de fer avec des lettres de moi et des exemplaires de notre décret. Le bruit de ma mission et de son objet se répandait, quoique lentement, dans les départements. M. Ricard m'écrivit : « Est-il vrai que vous soyez porteur d'un décret différent de celui de Bordeaux, et ordonnant de convoquer immédiatement une Assemblée, sans faire de catégories ? Faites-le-moi savoir ; si votre décret *existe*, je le ferai exécuter. » J'employai toutes les personnes que j'avais sous la main à écrire des lettres, que nous adressions aux correspondants des maisons de commerce dont les chefs à Bordeaux étaient mes amis. Nous mettions le timbre de la maison de commerce sur l'adresse. Grâce à ces précautions, je créai une publicité très-insuffisante. Je comptais que si l'une de ces lettres tombait en bonnes mains, elle paraîtrait dans quelque journal. Les directeurs des journaux politiques, publiés alors à Bordeaux, se rendirent chez moi, et me demandèrent si le décret de Paris existait, et si je voulais le leur communiquer. Je leur répondis que je n'avais pas de plus vif désir, et je

leur en fis connaître les termes. Ils ne manquèrent pas
de publier notre conversation : c'est ce que je souhaitais.
Il y avait conseil le soir, et je ne manquai pas de
m'y rendre. Un ou deux de ces journaux avaient déjà
paru, c'étaient des journaux de l'extrême droite ; j'avoue
que cela m'importait fort peu. Je cherchais de la publicité ; j'étais assuré de celle de la *Gironde*, qui me prê-
tait l'appui le plus courageux ; les autres journaux me
venaient par surcroît, et faisaient mon œuvre mieux que
je n'aurais pu la faire. M. Gambetta m'injuria fort à propos de cette publication. Il m'accusa de pactiser avec nos
ennemis. M. Crémieux ne m'épargna pas. Il dit dans sa
brochure que j'écoutais ces injures tranquillement,
C'est la pure vérité. Je paraissais très-tranquille, et je
l'étais. J'écoutai même avec plaisir M. Crémieux, qui a
l'invective éloquente. J'appris, en rentrant chez moi, qu'on
ne s'était pas borné à m'injurier. Tous les journaux
avaient été saisis. Ainsi cette ressource encore m'échappait ; comme, après tant d'efforts, on ne pouvait plus
espérer que l'objet de ma mission resterait inconnu, on
publia une affiche, dans laquelle on affectait de douter de
l'existence du décret, parce que je n'en apportais pas le
texte avec les signatures authentiques, et on déclarait en
même temps que M. Crémieux allait partir pour Paris afin
de s'assurer de ma véracité et de s'entendre, dans tous les
cas, avec le Gouvernement de la Défense. Le temps pres-
sait alors. On ne voyageait pas aisément, et l'on pouvait
espérer qu'avant le retour de M. Crémieux, les élections
seraient faites.

Je me rappelle un détail de la dernière séance du conseil, à laquelle j'assistai avec mon ami M. Lavertujon, qui m'avait été adjoint comme secrétaire du Gouvernement. Comme on annonçait qu'on n'obéirait pas, et qu'on allait renouveler les instructions aux préfets, je déclarai de mon côté que je ne pouvais plus délibérer avec des collègues qui se mettaient en lutte contre le Gouvernement, et que j'allais aviser aux moyens de publier le décret dont j'étais porteur. M. Crémieux s'écria que je n'en avais pas le droit; que, depuis mon arrivée, je n'étais plus qu'un membre de la délégation, et que je devais me soumettre à la majorité. J'avais en effet plusieurs instructions distinctes, dont je ne devais me servir que selon les cas. Celle que j'avais montrée à mon arrivée me donnait seulement l'ordre de délibérer avec la délégation; mais, comme on avait prévu le cas de désobéissance au gouvernement central, on m'avait muni d'un décret que je fis connaître alors, et qui m'investissait de pleins pouvoirs absolus, pour faire procéder aux élections conformément au décret délibéré à Paris, et inséré au Bulletin des lois de Paris. Cette lecture faite, je sortis de la préfecture avec M. Lavertujon, et c'est à ce moment-là que nous tentâmes la publication par les journaux et par l'affichage. Vous savez que je ne parvins pas à afficher, et que la *Gironde* et les autres journaux furent saisis.

Je n'ai, comme vous le voyez, communiqué mes pleins pouvoirs qu'au moment où, ayant perdu tout espoir de me faire une majorité dans la délégation, je crus devoir recourir à la publicité. Si mes collègues lisent ma déposition, ils apprendront pour la première fois que j'avais pleins pouvoirs de faire arrêter M. Gambetta en cas de résistance; j'avais aussi ma nomination, signée par tous mes collègues, de ministre de l'intérieur. (T. I, *dép. J. Simon*, p. 505.)

Si M. Gambetta avait écouté M. Ranc, jacobin féroce (1), il aurait opposé la violence à ses adversaires politiques. Il fut question de procéder à des arrestations dans lesquelles naturellement eût été compris le mandataire du gouvernement de Paris auprès de la délégation de province.

Un soir, c'était au moment où le voyage de M. Crémieux venait d'être décidé, je me trouvais dans le cabinet de M. Laurier avec M. Ranc. Celui-ci est un homme à qui le sang monte facilement à la tête. Je lui dis : « Il court par la ville de singuliers bruits ; vous avez déjà fait saisir des journaux, vous qui avez tant réclamé la liberté de la presse, et on vous prête l'intention de vouloir emprisonner quelques journalistes. » Il avait les mains dans ses poches, il me répondit : « Cela se pourrait bien, s'ils ne se tiennent pas tranquilles. — Qu'appelez-vous se tenir tranquille ? — Oui, s'ils font de l'opposition, c'est de la réaction. — Ecoutez, monsieur Ranc ; ces messieurs ne m'ont pas appelé dans leurs délibérations ; ils ont eu tort, car je crois avoir fait preuve, autant qu'eux, de libéralisme ; seulement, si vous arrêtez un de mes collègues, je vous en préviens, j'irai me constituer immédiatement prisonnier. — Allons donc ! vous ne ferez pas cela ; pourquoi vous arrêterions-nous ? — Vous devez m'arrêter comme

(1) Il a été condamné à mort, par contumace, pour ses crimes pendant la Commune.

les autres ;. car je n'approuve pas plus ce que vous faites que ceux que vous projetez d'arrêter. Puisque vous êtes animé de si bons sentiments pour moi, veuillez donc me rendre un petit service : si vous en arrêtez d'autres, venez m'arrêter vous-même. — C'est très-bien ; si vous le voulez, nous vous arrêterons. — Alors, permettez-moi de vous dire ceci : puisque vous voulez bien me promettre de m'arrêter vous-même, je dois vous prévenir d'une chose, c'est que je me considérerai comme en état de légitime défense. » A partir de ce moment, la conversation prit une tournure plus calme, et M. Ranc se montra très-contrarié. (T. IV, *dép. Dalloz*, p. 396.)

M. de Kératry, ennemi acharné de l'Empire et qui a joué un bien vilain rôle dans la révolution du 4 septembre, porte sur M. Gambetta le jugement suivant :

Éperonné par son imagination de feu, surexcité par les voix venues de Paris, par des amis des fournitures à outrance qui exploitaient sa soif d'attacher son nom au salut du pays. Gambetta n'est plus alors qu'un patriote en délire ; et quand il sent le pays se retirer de lui, l'invasion monter jusqu'à Tours malgré ses généreux efforts, la capitulation de Paris prête à annihiler le gouvernement central, il songe que la capitale, que les provinces du Nord et de l'Est vont être séparées du reste de la France ; alors, pour retenir les autres provinces prêtes à lui échapper, soit par suite de l'invasion, soit par suite de la réaction contre ses tentatives militaires mal conçues, je crois qu'il songea au moyen suprême, à l'organisation de la Commune dans

le Midi comme moyen de gouvernement ; incapable, en
honnête homme qu'il était, de vouloir un seul des crimes
de la Commune parisienne, mais pensant que la ligue du
Midi, qu'il avait tenue en laisse, comme aussi en réserve,
pouvait ressusciter utilement, et que le drapeau rouge,
qu'il avait eu le tort préconçu de laisser flotter à Lyon,
pouvait encore apporter la victoire dans ses plis jusqu'à
Bordeaux. Puis, à l'heure suprême où, déjà entré en lutte
avec M. J. Simon, sous l'inspiration de ses amis Ranc et
Spuller, on voulut le proclamer, à Bordeaux, chef de la
Commune française, l'énergie lui fait défaut ; il recule, il
refuse de paraître au balcon de la préfecture et finit, à
l'exemple de Dioclétien fatigué du pouvoir et se retirant à
Salone, par prendre le chemin de Saint-Sébastien. Ce dénoûment était certain, parce que jamais M. Gambetta n'a
été et ne sera un homme d'action. Il n'a que de l'imagination parlementaire et de l'éloquence, ce qui suffit à
peine à un homme d'État. (T. I, *dép. Kératry*, p. 378.)

M. le comte Daru résume avec précision et vigueur les
actes de M. Gambetta. Il le montre, cet ennemi du prétendu despotisme impérial accablant la France d'un joug
de fer, quand il destituait en masse les maires, les adjoints,
les procureurs généraux, substituts, et jusqu'aux juges de
paix.

Quand il renouvelait le personnel administratif, judiciaire et politique presque partout ; quand il donnait le
pas à l'autorité civile sur l'autorité militaire ; quand il
laissait pleine liberté aux clubs de toutes les villes ; quand
il ordonnait des levées en masse sans avoir le moyen

d'armer, d'habiller, d'équiper, d'organiser les soldats qu'il appelait ; quand il jetait à l'ennemi des armées improvisées, auxquelles tout manquait pour une lutte formidable ; quand il révoquait et cassait, en les injuriant, des généraux malheureux, nous sommes obligés de dire qu'il agissait conformément à ses convictions personnelles et propres. Il attendait des merveilles de cette politique qui faisait la partie si belle à l'ennemi! Pouvait-on la lui faire plus belle, en effet, que d'opposer à des hommes de guerre consommés, des avocats, des ingénieurs ; que de conférer des grades à l'élection, et de bouleverser de fond en comble tout le personnel existant, en se privant des services de ceux qui pouvaient avoir quelque expérience des affaires ? M. Crémieux a été ministre de la guerre pendant huit jours et M. Gambetta pendant quatre mois, c'est tout dire! (*Rapport Daru*, p. 474.)

Le règne de M. Gambetta a été un phénomène monstrueux et qui nous a rendus la risée de l'Europe. C'est en effet une honte écrasante pour un peuple, de permettre à des gens sans aveu, qui n'ont d'autres titres que leur audace et, nous ne dirons pas leur ambition, mais leurs appétits, de mettre la main sur le pouvoir suprême.

Quant aux hommes du 4 septembre, l'histoire les flétrira, mais un châtiment plus effectif les attend, et ils peuvent être assurés de ne pas y échapper, quand une fois la France sera sortie de l'épouvantable chaos où la retiennent les royalistes et les républicains coalisés contre la volonté nationale.

Nous en avons fini avec les *hommes du 4 septembre* proprement dits, c'est-à-dire avec les individus qui eurent l'audace d'usurper la souveraineté et qui en usèrent pour conduire la France à sa ruine. Si nous voulions parler des subalternes, tels que les Challemel-Lacour, les Ranc, les Duportal, les Esquiros, les Gent, les Naquet, les Testelin, etc., nous excéderions de beaucoup le cadre dans lequel nous nous sommes proposé de renfermer ce travail. Toutefois, nous ferons une exception en faveur de quatre personnages qui le méritent en raison du rôle considérable qu'ils ont joué; ce sont MM. de Kératry, Etienne Arago, Thiers et Garibaldi.

KÉRATRY

M. de Kératry, comte ni plus ni moins que M. de Rochefort, a appartenu quelque temps à l'armée. Sous l'Empire, il était considéré comme un des agents les plus remuants de la faction orléaniste, et le comte de Paris lui écrivait des lettres de félicitation. Il sut tirer parti de la révolution à laquelle il avait contribué.

Quelques jours avant le 4 septembre, il faisait les motions qu'il croyait les plus propres à livrer le gouvernement désarmé à l'émeute.

M. de Kératry avait demandé que la défense de l'Assemblée fût exclusivement confiée aux gardes nationaux, et que les troupes de police fussent, aussi bien que les soldats, éloignées des abords du palais. Sa motion,

écartée par la Chambre, rappelait celle qui avait été faite
au commencement de la Révolution, quand le malheureux
roi Louis XVI fut invité à retirer ses troupes des environs
de Paris. (*Rapport Daru*, p. 17.)

Dans la nuit du 3 au 4 septembre il essayait, de son
aveu, d'organiser un gouvernement insurrectionnel.

C'est dans cet ordre d'idées que, dans la nuit du 3 au
4 septembre, j'avais appelé l'attention de la gauche sur la
nécessité d'avoir un ministre de la guerre investi de sa
confiance, prêt à agir aussitôt la déchéance prononcée, et
que moi-même, le 3, vers onze heures du soir, ayant rencontré le général Le Flô, le proscrit du 2 décembre, dans
la salle d'entrée du palais Bourbon, je le pressai d'accepter le portefeuille de la guerre, en prévision du mouvement inévitable du lendemain. Le général Le Flô, après
une minute de réflexion, m'objecta qu'il était engagé vis-
à-vis le général Trochu, dont il venait d'accepter le commandement d'un secteur, et que, par conséquent, il serait
obligé de conformer sa conduite à celle du général. Je lui
répondis : « Le général Trochu rentrera nécessairement
dans l'ordre de choses que l'Assemblée inaugurera demain. Vous rendrez service en acceptant le portefeuille de
la guerre, parce que vous êtes un général connu, désigné
par le 2 décembre, parce que le pays aura besoin de votre
énergie pour en imposer aux mauvaises passions qui ne
tarderont pas à se faire jour. (T. I, *dép. Kératry*,
p. 650.)

M. de Kératry se vante d'avoir le premier proclamé la déchéance.

Le 4 septembre a été l'heure du patriotisme que les passions politiques des nouveaux gouvernants ont pu obscurcir, dès le lendemain, mais qui, ce jour-là, a été absolument sincère.

J'avoue que ce fut moi qui, à la sortie du 9ᵉ bureau, sous le coup de ces pensées bien méditées, proclamai le premier la déchéance de la famille impériale et les noms du gouvernement provisoire. Je les proclamai dans la salle des Pas Perdus, au milieu d'une foule qui, certes, n'était pas une foule de jour d'émeute. Sur cette liste du gouvernement provisoire figurait le nom de M. Grévy, qui nous refusa son concours quelques minutes après, alors qu'il était monté au bureau de l'Assemblée. (T. I, *dép. Kératry*, p. 649.)

Mais il faut rendre à chacun son dû : l'honneur de cette noble action revient à M. Gambetta. C'est à lui que l'attribue M. le comte Daru, l'honorable rapporteur de la commission.

M. de Kératry se fit nommer préfet de police. Il est intéressant de lui entendre raconter comment il fut gratifié de cette place et de quelle façon guerrière il entra en possession.

M. Gambetta proclama de nouveau la République, relut les noms des membres du gouvernement provisoire, qui furent acclamés sans conteste, et auxquels fut adjoint séance tenante M. Henri Rochefort, dont l'élargissement fut signé, comme celui de tous les prisonniers politiques. M. Picard et d'autres membres du gouvernement venaient d'arriver. Je fus publiquement nommé préfet de police, avec mission de m'emparer de la préfecture aussitôt que possible. Avant de m'éloigner, je réclamai un ordre écrit au nom du gouvernement, que M. Gambetta, ministre de l'intérieur, me remit revêtu de sa signature. M. Antonin Dubost, que la commission pourra interroger très-utilement sur le compte de la police, me fut adjoint par lui comme secrétaire général (1).

Accompagné de M. Dubost, je descendis sur le quai, où je pus rallier neuf gardes nationaux bien décidés ; j'ai retenu les noms des citoyens Trottin, Franquet et Petit, négociant à Bercy (2). Fort de cette escorte, je me rendis à la préfecture de police. Quand j'y arrivai, toutes les portes étaient fermées. A travers les interstices de la barrière élevée sur le quai de la Conciergerie, on apercevait tous les sergents de ville rangés derrière les officiers de paix. La garde municipale, l'arme au pied, attendait les ordres du colonel Valentin. J'avoue qu'à ce moment difficile, je tenais mon revolver à la main (3), résolu à en faire usage pour la défensive. Je réclamai à haute voix l'ouverture de la porte : elle me fut d'abord refusée. J'annonçai alors que nous allions pénétrer de force. Après avoir parlementé moins d'une minute, on me livra passage. Je traversai les longs couloirs jetés entre les anciens et les nouveaux bâtiments : certes, si on eût

(1) M. de Kératry nous apprend que ce fut pour l'espionner que M. Gambetta lui adjoignit cet individu grotesque de tout point.
(2) Ce sont, en effet, des noms à retenir.
(3) Ce revolver dans les mains d'un magistrat allant prendre possession de son poste est d'un joli effet.

voulu résister, il eût été bien facile, à travers tous ces dédales, de nous faire disparaître sans bruit. Mais chacun sentait que derrière nous, poignée d'hommes, marchait l'opinion publique, plus forte que des régiments (1). Je pénétrai dans le cabinet de M. Piétri, où se trouvaient réunis et anxieux tous les chefs de service du département de la police. Je les consignai tous jusqu'au soir dans un salon voisin en leur prescrivant d'attendre les ordres du nouveau gouvernement. Je voulais avant tout me rendre compte des agissements de M. Piétri et prévenir tout concert entre l'ancien préfet de police et ses principaux fonctionnaires. Je fis mander aussitôt le colonel Valentin et lui déclarai que s'il me donnait sa parole de soldat de veiller uniquement au maintien de la sûreté publique avec les troupes qu'il avait dans les mains, cela me suffirait, certain d'avance que j'étais qu'il ne se livrerait à aucun agissement politique. Le colonel me donna sa parole et l'a fidèlement tenue durant ma gestion (2). Je lui donnai aussitôt l'ordre de faire rentrer ses troupes dans leurs quartiers et d'inviter les sergents de ville à regagner nuitamment leur domicile, par groupes réduits, de crainte de provoquer une excitation populaire, *bien légitime d'ailleurs* (3), contre certains agents policiers qui, sous l'Empire, s'étaient gravement compromis par des excès. (T. I, *dép. Kératry*, p. 651.)

(1) N'oublions pas que c'est un ancien militaire qui tient ce langage.

(2) Nous avons dit de quoi était capable cet homme de bien.

(3) Ce langage est tout à fait digne du préfet de police qui fit mettre en liberté les assassins du pompier de la Villette et qui employa Raoul Rigault comme commissaire de police.

Il empêcha les députés de se réunir chez leur collègue M. Johnston.

Les rapports des agents m'ayant appris dans la matinée du 6 qu'une réunion de députés avait déjà eu lieu et devait avoir lieu à nouveau à l'hôtel de M. Johnston, j'adressai à mon ancien collègue une lettre à mots couverts, par l'entremise d'un commandant de francs-tireurs de service à la préfecture, dont le nom m'échappe, et à qui, en outre du message écrit, je confiai des instructions verbales et formelles. Il avait pour mission d'amener un détachement armé avec lui ; s'il trouvait une réunion déjà engagée dans l'hôtel Johnston, de la dissiper avec courtoisie, mais sans faiblesse. (T. I, *dép. Kératry*, p. 652.)

M. de Kératry n'était pas beaucoup plus étrange dans cette mascarade déguisé en préfet de police, que Raoul Rigault travesti en commissaire. Il faut l'entendre parler du coup d'État préparé en permanence depuis les origines de l'Empire jusqu'en 1869 (*sic*).

Je dois ajouter, en y touchant légèrement et en vous renvoyant à la lecture de ce rapport (car sans cela ma déposition serait bien longue), qu'à propos de ce coup d'État permanent, la préfecture de police impériale, grâce aux exécrables agissements du vrai lieutenant de M. Piétri, le commissaire Lagrange, que vous pouvez et devez interroger, était devenue une véritable officine de complots et de mouvements simulés, destinés à réconforter le régime impérial à certaines heures par l'évocation du spectre rouge. Il importe aussi de savoir quels moyens, quels effets on a tirés du jeu de l'Internationale. L'enquête que j'ai fait poursuivre et que je vous livre établira, comme vous le verrez (je cite les mots du texte), que sauf le complot d'Orsini, toutes les affaires séditieuses des dix dernières années ont été machinées par la police occulte et que sans l'intervention de celle-ci, ou elles n'auraient point eu lieu ou elles n'auraient point produit d'éclat.

Vous pourrez vous convaincre par les interrogatoires que je vais déposer entre vos mains, que MM. Piétri et Lagrange donnaient des sommes considérables à de coupables complaisants que des magistrats complaisants poursuivaient et condamnaient, et qui, une fois écroués à Mazas, au lieu d'aller subir leur peine, en sortaient nuitamment pour aller vivre aux États-Unis, où ils recevaient des pensions du régime impérial par les mains inconscientes de la maison Rothschild, dont on peut interroger les livres à ce sujet. (T. I, *dép Kératry*, p. 654.)

L'absurdité de ces calomnies ne doit pas nous empêcher de constater ce qu'elles ont d'odieux. M. de Kératry dit encore dans le même ordre d'idées :

Au 4 septembre, les polices abondaient dans Paris. L'Impératrice avait la sienne, l'Empereur en avait une autre, M. Rouher et M. Piétri avaient chacun une police distincte ; au-dessous d'eux, M. Nusse et M. Lagrange comptaient encore un personnel spécial, et tous ces agents, inconnus pour la plupart les uns des autres, étaient chargés de se surveiller. Mais celui qui tenait véritablement en main tous les fils policiers et qui possédait tous les secrets, le véritable préfet de police, c'était M. Lagrange. C'était en même temps l'homme le plus dangereux pour l'ordre public ; dans ma conviction, il est l'auteur du complot des blouses blanches et de Bories ; les interrogatoires Ballot, Græco et Madrassi, dont je vous ferai adresser un exemplaire. vous édifieront pleinement à cet égard. M. Bernier, juge d'instruction, qui faisait en partie ses réquisitoires dans le cabinet de Lagrange, mérite d'être interrogé par vous. Un dossier confidentiel sur M. Bernier est adressé au ministre de l'intérieur. Lagrange pourra vous donner lui-même d'amples renseignements sur les papiers qu'il a brûlés. (T. I, *dép. Kératry*, p. 658.)

L'imagination, comme on voit, ne fait pas défaut à M. de Kératry. D'ailleurs, il ne manquait pas de logique : en même temps qu'il faisait mettre en liberté les assassins Eudes et Mégy, qu'il appelait poliment des détenus politiques, il donnait l'ordre d'arrêter ses prédécesseurs.

Cela ne s'était jamais produit sous aucun régime, ni après 1830, ni après 1848. On ne se borna pas à me poursuivre ; afin de donner à la mesure dont j'étais l'objet son véritable caractère, la même autorité ordonnait l'élargissement de Cluseret et des assassins Eudes et Mégy. (T. I, *dép. Piétri*, p. 259.)

M. Rouher ne pouvait échapper aux calomnies de M. de Kératry. Il est accusé par lui d'avoir eu des rapports avec Vermorel et avec Cluseret. Nous ajouterons que pour ce dernier, M. Rouher n'eut pas d'autres rapports avec lui que de le faire expulser.

Dans ce livre qui contient sa déposition, il a énoncé deux faits qui me sont personnels. Il dit que M. Rouher était en rapports avec M. Vermorel.

J'oppose à cette allégation la dénégation la plus absolue et la plus formelle. (T. I, *dép. Rouher*, p. 249.)

Et M. Rouher, après avoir expliqué comment il fi expulser Cluseret, termine ainsi :

Voilà à quels actes j'ai participé en ce qui concerne Cluseret, et tout ce que je sais à son égard.

M. le comte Daru.— Ce qu'il y a de curieux, c'est que l'un des premiers actes de M. de Kératry, devenu préfet de police, fut de faire élargir Cluseret. (T. I, *dep. Rouher*, p. 250.)

En s'excusant gauchement d'avoir employé Raoul Rigault M. de Kératry nous donne un aperçu de ce joli monde.

A propos de M. Raoul Rigault, il a été nommé commissaire de police par moi ; je dois dire que ce fut mon secrétaire général qui me le proposa le premier pour commissaire de police. Je ne le connaissais point. J'avais d'abord refusé son choix ; plus tard, j'ai exigé la constatation écrite que son dossier ne contenait rien que de politique, avant de procéder à sa nomination sur une nouvelle recommandation de M. Floquet.

Un Membre. — Et vous avez trouvé cette recommandation suffisante pour nommer M. Raoul Rigault !

M. LE COMTE DE KÉRATRY. — Pardon, monsieur, ladite recommandation m'était parvenue par le canal du ministère.

M. LE COMTE DE RESSÉGUIER. — On a dit que M. Raoul Rigault s'était emparé dès le 4 ou le 5 septembre d'un service important de la préfecture de police, du cabinet de M. Lagrange, je crois.

M. LE COMTE DE KÉRATRY. — Voici ce qui s'est passé : Au moment où je suis arrivé à la préfecture de police, M. Gambetta, vous me le rappelez, m'avait adjoint (pour me surveiller, je crois) M. Antonin Dubost, en qualité de secrétaire général de la préfecture ; il était très-lié avec Raoul Rigault et avec presque tous les chefs du mouvement. Je dois dire toutefois que M. Dubost s'est fort bien conduit à la préfecture ; mais il avait certainement des accointances avec Raoul Rigault. (T. I, *dép. Kératry*, p. 667.)

M. de Kératry nous permettra sans doute de ne pas prendre au sérieux la partie de sa déposition qu'il consacre à l'héroïsme qu'il aurait montré « le revolver au poing » dans la journée du 9 octobre. Nous n'avons aucune raison de confirmer les éloges que se prodigue M. de Kératry.

Cependant, quand M. de Kératry vit que la préfecture de police devenait, eu égard aux circonstances, un poste particulièrement dangereux, il demanda la suppression d'une institution qu'il avait d'ailleurs savamment désorganisée. Il saisit comme prétexte un conflit entre lui et le sempiternel apôtre de la « force morale, » M. Trochu.

En présence de cette doctrine débilitante, assuré que

j'étais du peu de concours que fournirait désormais au préfet de police le chef des gardes nationales, certain qu'il faudrait d'autres et de plus énergiques mesures, en raison directe de la prolongation du siége, je donnai ma démission et je me retirai chez moi. Plusieurs ministres me prièrent de la reprendre; *mais je ne pouvais rester à un poste, très-envié d'ailleurs, dans de telles conditions, en face d'une émeute dont je devinais les progrès croissants chaque jour. Je puis vous donner les preuves du danger qui s'annonçait* par un des rapports de M. Dereste, un des anciens agents du ministre de l'intérieur. (T. I, *rapport Kératry*, p. 666.)

M. de Kératry, lâchant la queue de la poêle au moment où elle lui brûlait les mains, est incontestablement un fort habile homme. Cependant, persistant à vouloir se dévouer au service de son pays, ce qui veut dire, traduit du langage révolutionnaire, se faire attribuer de bonnes places bien rentées, la prébende visée par M. de Kératry fut une mission diplomatique en Espagne. Il sortit de Paris en ballon et il alla, non sans naïveté, — il est vrai que M. de Kératry était aussi neuf à la diplomatie qu'à la police, — demander au général Prim de venir à notre secours.

Cette mission n'eut pas de résultats sérieux, mais M. de Kératry avait quitté un séjour qui lui semblait malsain pour un préfet de police, et il alla retrouver M. Gambetta, alors au milieu de ses prouesses. Il se fit donner le commandement de ce fameux camp de Conlie où périrent de misère tant de jeunes gens. Voici en quels termes M. de Kératry écrivait à M. Gambetta:

« En deux jours et demi, sans prendre une minute de

repos, je suis allé à Madrid et j'en suis revenu. Ce matin,
dès mon arrivée, je vous ai déclaré que j'étais prêt à
prendre et à organiser un commandement que ne sollicite
pas mon ambition, mais que recherchent mon amour du
pays et l'espoir assuré du succès. (T. I, *dép. Kératry*,
p. 673.)

M. le comte de Kératry sait se faire valoir : sa modestie
est à la hauteur de son désintéressement. Son plan était
d'ailleurs fort ingénieux. Breton bretonnant comme
M. Trochu, M. le comte de Kératry cherchait à réunir sous
ses ordres une armée exclusivement bretonne, qu'il eût
tenue solidement dans sa main et à l'aide de laquelle il eût
pu faire échec au dictateur. L'ennemi qui envahissait la
France ne semblait pas préoccuper M. de Kératry beaucoup
plus que les autres révolutionnaires. Il est probable qu'à ce
moment M. de Kératry rêvait, avec son armée de Bretons, de
faire la loi au Gouvernement de la Défense nationale et d'en
faire l'arbitre des destinées de la France ; s'il eût réussi, il
serait devenu le Monck du comte de Paris et le parapluie
philippiste abriterait la France. Pour atteindre son but,
M. de Kératry réclamait tous les pouvoirs. Il disait à
M. Gambetta, dans la même lettre dont nous venons de
donner un extrait :

« Pour que mon commandement ne soit pas illusoire et
pour que j'aie en mains l'instrument nécessaire, je réclame tous pouvoirs, ne relevant que du Gouvernement
lui-même, pour lever, équiper, enrégimenter, nourrir
et diriger les contingents utiles qui restent disponibles à
l'heure actuelle dans les départements de l'Ouest, Finistère,
Ille-et-Vilaine, Côtes-du-Nord, Morbihan, Loire-Inférieure,
Mayenne, qui ne sont soumis encore à aucun grand com-

mandement, et dans celui de la Sarthe, dans le Mans, qu'il importe de préserver sans retard de l'ennemi, comme clef principale de la Bretagne. » (T. I, *dép. Kératry*, p. 673.)

L'ancien lieutenant des contre-guérillas fut nommé le 22 octobre général de division commandant en chef les forces mobilisées des cinq départements de Bretagne. Il se prenait au sérieux d'une manière véritablement plaisante : un conflit qui s'était élevé entre lui et un autre général d'occasion, M. Jaurès, fut tranché à l'avantage de ce dernier par M. de Freycinet, délégué au ministère de la guerre. M. de Kératry se lamente en ces termes :

Il est usuel, contrairement à l'assertion du délégué, que le plus jeune en grade obéisse au plus ancien. *J'avais cinq semaines de plus d'ancienneté de grade*, et, en outre, j'étais général en chef d'un corps d'armée spécial levé et organisé par moi seul. D'autre part, si j'étais incapable de manœuvrer une frégate ou une escadre, le général Jaurès, marin de profession, pouvait-il utilement et du premier coup réunir quarante mille hommes non manœuvriers sous ses ordres ? (T. I, *dép. Kératry*, p. 766.)

Les cinq semaines d'ancienneté de grade sont un bien joli trait. Mais en quoi un homme qui n'avait pas dépassé dans l'armée le grade de lieutenant était-il plus apte qu'un capitaine de vaisseau à manœuvrer une armée de quarante mille hommes ?

Cependant la délégation prenait ombrage de M. de Kératry et de ses Bretons. M. Fourichon entra sourdement en lutte avec lui et, par son mauvais vouloir, provoqua les plaintes du général gambettiste (T. I, *dép. Kératry*, p. 685); en même temps M. Gambetta s'efforçait de jeter la déconsidération sur les Bretons commandés par M. de Kératry.

Comment le ministre de l'intérieur, télégraphiant le 12 janvier à tous les préfets le contenu de la dépêche du général Chanzy, livrant bataille au Mans le 11 janvier et couchant le soir sur ses positions, a-t-il pu supprimer de cette dépêche du général Chanzy du 11 janvier, 11 heures 30 minutes du soir, le passage suivant :

« Les troupes de Bretagne ont puissamment contribué à conserver cette position importante. »

Tandis que le lendemain, il s'empresse de télégraphier à toute la France « que les Bretons ont lâché pied et entraîné la déroute du Mans. » (T. I, *dép. Kératry*, p. 679.)

Enfin, M. de Kératry se rendit si désagréable au dictateur qu'il fut mis en disponibilité. Il lui adressa la lettre suivante :

« *Général Kératry à ministre guerre. — Gambetta.*
Bordeaux.

« Nantes, 29 décembre 1870.

« Nommé général de division pour la durée de la guerre, je suis depuis un mois en disponibilité. Puisque je suis inutile, je demande que vous m'enleviez un grade qui m'astreint militairement, tant que je n'aurai pas été relevé officiellement, et que le *Journal officiel* dise : M. de Kératry a cessé, à partir d'aujourd'hui, de faire partie de l'armée auxiliaire sur sa demande. Si vous ne consentez pas à cette demande légitime, je réclame quinze jours de congé pour me rendre en Angleterre, dès que M. Jules Favre en aura pris la route. Je vous prie de me télégraphier votre décision ; car votre silence impliquera qu'à partir de ce jour je reprends toute ma liberté de citoyen. Je ne réclame exactement que mon droit.

« KÉRATRY. »

(T. I, *dép. Kératry*, p. 681.)

Nous serions curieux de savoir ce que cet homme si dévoué à son pays voulait aller faire en Angleterre tandis qu'on se battait en France. Cependant il eut depuis la naïveté ou l'aplomb de demander à M. Gambetta de partager le pouvoir avec lui.

La dépêche qu'on va lire plus loin fut remise scrupuleusement à M. Gambetta. On y verra que mes pressentiments sur le triomphe de la Commune, déjà anciens, affirmés de nouveau le 18 décembre, ne s'égaraient malheureusement point. On reconnaîtra d'autre part que si j'avais su quitter la préfecture de police, qui était un véritable ministère, l'ambition du triste portefeuille de la guerre, dans de pareilles conjonctures, était peu enviable ; mais le dévouement à la chose publique me ramenait à une combinaison dont M. Gambetta m'avait parlé le premier à Paris, avant notre départ en ballon. Quant aux moyens de salut à appliquer, il serait bien oiseux de les discuter aujourd'hui, après une si grande catastrophe.

« *Général Kératry à Steenackers, directeur des télégraphes. — Bordeaux.*

« Nantes, 18 décembre 1870.

« (Pour remettre immédiatement et confidentiellement à Gambetta.)

« La France touche au plus effroyable désastre qu'elle ait jamais subi ; encore huit ou quinze jours, si la province ne vient pas à son secours, Paris est livré. *La Commune triomphe* et le pays reste sans gouvernement devant l'ennemi, qui lui imposera toutes les humiliations, tous les sacrifices et pèut-être la régence. A mon avis mûrement réfléchi, le pays peut encore et sûrement être sauvé. Je vous demande pour un mois le ministère de la guerre et de la marine ; vous conserverez seulement l'intérieur. Nous serons ensemble à la peine et à l'honneur. Nous signerons ensemble les résolutions graves qu'il faut prendre immédiatement et que je prétends devoir assurer le salut du pays d'ici à un mois, le temps juste que Paris peut encore tenir s'il se sent secouru. » (T. I, *dép. Kératry*, p. 680.)

On pense bien que M. Gambetta jeta cette requête au panier. Sous M. Thiers, à qui il s'empressa d'offrir ses services, M. de Kératry se fit nommer rapidement officier, puis commandeur de la Légion d'honneur. Il fut à la même époque préfet d'abord de la Haute-Garonne et ensuite des Bouches-du-Rhône. La grande qualité de M. de Kératry, nos lecteurs ont pu s'en apercevoir, c'est, avant tout, son habileté à démissionner. Il abandonna M. Thiers au bon moment. Depuis il voit venir et se prépare à poursuivre sa brillante carrière. On assure qu'il revient à l'Empire; nous ne le croyons pas incapable de cette tardive conversion. Mais, faut-il l'avouer? si nous comprenons fort bien l'intérêt que peut avoir M. de Kératry à revenir à l'Empire, dont l'étoile se lève de nouveau à l'horizon plus brillante que jamais, nous voyons moins clairement l'intérêt qu'aurait l'Empire à revenir à cet orléano-républicain.

ÉTIENNE ARAGO

C'est l'oncle du membre de cette dynastie puissante que nous avons vu figurer dans le soi-disant Gouvernement de la Défense nationale. En 1840, il fit faillite comme directeur du Vaudeville, et c'est vers ce temps que, se reconnaissant impropre à gérer ses affaires privées, il jugea avec raison que la troupe imbécile des républicains l'estimerait capable d'administrer les affaires publiques.

Nous avons vu M. de Kératry prendre le revolver au poing la préfecture de police. C'est avec la même brusquerie qu'en 1848 M. Arago mit la main sur la Direction des postes, qu'il trouva à sa convenance. Il n'y eut de différent que l'absence du pistolet, mais M. de Kératry est un militaire et M. Arago n'est qu'un vaudevilliste. Directeur des postes, il retardait le départ des courriers pour faire plaisir à ceux dont il dépendait avec une désinvolture toute républicaine.

Au 4 septembre il eut quelque velléité de récupérer le poste lucratif qu'il avait occupé en 1848.

M. Marion avait été nommé directeur de l'Imprimerie

nationale, et c'est là qu'un de mes amis alla porter la proclamation que je venais de rédiger, et que je voulais faire partir pour les départements. M. Vandal était encore à la poste; je sais que j'y étais attendu, parce que j'en avais été le directeur en 1848, et j'y avais peut-être laissé quelques bons souvenirs. M. Rampont y fut appelé quelques jours après. (T. I, *dép. Étienne Arago*, p. 533.)

C'est-à-dire qu'il a laissé les mêmes souvenirs d'incapacité et d'injustice qui ont distingué depuis le passage du médecin Rampont rue Jean-Jacques-Rousseau. En tout cas il se hâta d'aller le 4 septembre à l'Hôtel de Ville pour être à portée des distributions de places ; il attrapa celle de maire de Paris qu'il devait illustrer par ses mauvaises intentions, ses tendances pernicieuses et sa poltronnerie.

Aussitôt après, il fut question de la mairie de Paris ; M. Étienne Arago, comme républicain et comme vétéran, fut proclamé par Gambetta maire de Paris, et aussitôt M. Emmanuel Arago tira de sa poche une écharpe d'un tissu rouge léger, et la lui jeta en disant : « Étienne, tiens ! » Cela m'a beaucoup frappé. (T. II, *dép. Réal*, p. 266.)

Chef de la municipalité de Paris, il ne manqua pas de lui imprimer une direction révolutionnaire il était cependant parfois dépassé par les maires des arrondissements.

Dans sa déposition devant la commission, M. Jules Simon a apporté plus d'une restriction à ces éloges (1) :

---

(1) M. Jules Favre, qui n'avait avec les maires que peu ou point de rapport, s'en était déclaré enchanté.

« Parmi les maires nommés, dit M. Jules Simon, il y en avait de bons, d'excellents même (et il cite MM. H. Martin, Carnot, etc., etc.), mais les maires s'arrogeaient tous les pouvoirs, au point que l'un d'eux a fait une véritable loi dans laquelle il édictait des dispositions pénales. »

M. Jules Simon aurait pu ajouter qu'un maire créa un conseil d'État pour son propre usage, qu'un autre supprima, de son autorité privée, l'enseignement religieux et que plusieurs intervinrent dans la législation des loyers.

« Ce n'était pas une petite affaire, ajoute avec raison M. Jules Simon, que de négocier avec ces messieurs, pour les engager à obéir et à se renfermer dans la limite de leurs attributions légales. Ils nous rendaient souvent de grands services ; ils se savaient nécessaires. Ils étaient entourés de conseillers qui s'étaient installés, sans aucun mandat, dans les mairies et qui, très-souvent, imposaient eux-mêmes leurs volontés... »

« Les maires et les adjoints, dit-il plus loin, voulaient toujours délibérer entre eux et avec le gouvernement. »

Ils délibéraient effectivement entre eux et avec le gouvernement, chaque semaine, soit à l'Hôtel de Ville, sous la présidence du maire central, soit au ministère, sous la présidence du ministre de l'intérieur. (*Rapport Daru*, p. 105.)

Un révolutionnaire modéré, M. Picard, n'était pas plus satisfait de ces messieurs.

M. ERNEST PICARD. — J'ai été appelé une fois à cette

11.

réunion des maires choisis par le gouvernement. Ils se tenaient dans la salle des délibérations du Conseil municipal à l'Hôtel de Ville. Leur attitude fut telle que je quittai la salle immédiatement. (T. I, *dép. Picard*, p. 489.)

Ces maires formaient une collection de mauvais sujets parmi lesquels on remarquait Delescluze, Millière, Ranc, etc.

Nos hommes n'étaient que des paysans, mais ils n'oublieront jamais l'impression de dégoût qu'ont produite sur eux les réunions des maires à l'Hôtel de Ville, surtout cette fameuse nuit où ils ont voté la Commune.

Ils s'y réunissaient souvent, presque toujours le soir ; ils parlaient de tout, ils mettaient aux voix la question de savoir s'ils voteraient la Commune ou non. (T. II, *dép. Dauvergne*, p. 295.)

Ces municipalités, germes épars de la future Commune, publiaient des bulletins périodiques.

Il faut lire ces bulletins pour connaître l'esprit dont les municipalités étaient alors animées.

Le troisième numéro, qui parut le 25 septembre, rend compte d'une demande adressée au gouvernement dans le but de presser l'envoi de commissaires extraordinaires en province : il se termine par une lettre de Courbet aux maires *représentants de Paris*, dans laquelle Courbet les supplie « de vouloir bien faire déboulonner la colonne, qu'il considère comme dénuée de toute valeur artistique, et d'en faire transporter les matériaux à la monnaie. » Tant il est vrai que les hommes, les idées, les doctrines de la Commune se montrent à découvert dès les premiers jours du siége ! (*Rapport Daru*, p. 108.)

Ces hommes, ces idées et ces doctrines de la Commune, contenus énergiquement par l'Empire, n'avaient pas attendu le siége pour se déchaîner les uns et les autres ; ils se montraient à découvert le 4 septembre même.

Le 4 septembre, à dix heures du soir, le jour même de l'envahissement de l'Assemblée, quelques instants après l'acclamation du nouveau gouvernement, une réunion de l'Internationale et des fédérations ouvrières se tenait place de la Corderie-du-Temple, 6.

Le procès-verbal de cette réunion et de celles qui se sont tenues ultérieurement, a été saisi au domicile de l'un des hommes qui ont été compromis plus tard dans l'insurrection du 18 mars ; cette pièce nous a été remise par le directeur du dépôt de la guerre.

On y lit que la réunion de la place de la Corderie arrêta, dans la soirée du 4 septembre, après une vive discussion, les résolutions suivantes :

« 1° *Le gouvernement provisoire ne sera pas attaqué, attendu le fait de guerre et attendu l'insuffisance de préparation des forces populaires encore mal organisées.*

« 2° Sont réclamées d'urgence :

« La suppression complète de la préfecture de police et l'organisation d'une police municipale ; la révocation immédiate de tous les magistrats ; la suppression de toutes les lois restrictives du droit d'association, du droit de réunion, de la liberté de la presse;

« L'élection de la municipalité parisienne;

« L'annulation (et non l'amnistie) de toute condamnation et poursuite concernant les faits qualifiés crimes ou délits politiques, se rattachant aux mouvements populaires sous l'Empire. » (*Rapport Daru*, p. 85.)

Une affiche du comité central parut le 17 septembre, elle portait les signatures suivantes :

Avrial, Beslay, Briosne, Chatelain, Combanet, Camelina, Chardon, Dumay, Duval, Dereure, Franckel, Ferré, Flourens, Johannard, Jaclard, Lefrançois, Langevin, Longuet, Malon, Oudet, Potier, Pindy, Ranvier, Régère, Rigault, Serallier, Tridon, Theiz, Trinquet, Vaillant, Varlin, Vallès. (*Rapport Daru*, p. 89.)

Ce sont exactement les mêmes hommes qui firent le 18 mars.

Le 31 octobre ne put surprendre M. Arago. Il trahit ce jour-là ses collègues avec la complicité de M. Dorian et du préfet de police Edmond Adam.

M. Cresson succéda, comme préfet, à M. Edmond Adam. Il avait observé de près les agissements de l'Internationale, et quand il communiquait aux membres du gouvernement le résultat de ses observations, ceux-ci, avec leur clairvoyance habituelle, le regardaient comme une façon d'halluciné.

M. LE PRÉSIDENT. — A quelle époque le général Le Flô

croit-il que l'Internationale et les agents qu'elle avait soient intervenus comme instruments de trouble?

M. LE GÉNÉRAL LE FLO. — Cette intervention n'est pas ressortie pour moi de la situation de l'Internationale.

Je me souviens seulement que dans les réunions du conseil, le préfet de police de l'époque, M. Cresson, à l'énergie duquel je dois rendre un véritable hommage, a appelé plusieurs fois, avec une très-grande insistance, l'attention du gouvernement sur les agissements de l'Internationale, et qu'en général, dans le conseil, on repoussait les observations ou les déclarations de M. Cresson, comme étant très-exagérées, et comme étant l'effet, je dirai presque d'une hallucination. On avait fini par croire, au moins quelques membres du gouvernement qui combattaient les idées de M. Cresson, que c'était une idée fixe, et que l'Internationale n'était pas à beaucoup près ce qu'on croyait qu'elle était, surtout à Paris.

Ainsi, le 31 octobre, M. Cresson s'obstinait à déclarer que l'Internationale était dans cette manifestation, qu'elle en était l'âme, qu'elle l'avait dirigée, et généralement, au sein du gouvernement, on repoussait cette pensée.

Je n'avais pas, à cette époque, le moindre soupçon de ce qu'était la puissance de cette association, et pour moi, comme pour beaucoup d'autres, il a fallu les derniers événements de Paris pour en faire comprendre tout le danger. (T. I, *dép. Le Flô*, p. 626.)

Or, il faut reconnaître que le général Le Flô n'était pas le plus inintelligent des hommes du nouveau gouvernement. Quant à la police, son action ne pouvait être que nuisible avec un préfet communard comme M. Edmond Adam et des commissaires de police recrutés parmi les criminels.

« Les commissaires de police nommés pendant le siége étaient souvent des condamnés politiques, enclins à l'indulgence pour des crimes qu'ils avaient eux-mêmes autrefois commis. Quelques-uns, en prenant possession de leurs siéges, loin de cacher leurs sentiments, déclaraient qu'ils venaient pour propager les principes révolutionnaires. » — Déposition de M. Marseille (1). (*Rapport Daru*, p. 477.)

Les membres du gouvernement, cernés dans l'Hôtel de Ville, se trouvèrent au pouvoir des hommes qui, à quelques mois de là, réussirent enfin à proclamer la Commune. Ils ont raconté ce qu'ils ont voulu sur la beauté de leurs attitudes. M. Simon loue M. Favre et M. Favre loue M. Ferry; c'est une aimable cascade de compliments. Cependant ils avaient grand'peur qu'on ne cherchât à les délivrer de vive force, ce qui les aurait transformés en otages. Dans ce cas, ils eussent été, à coup sûr, beaucoup moins intéressants que les victimes de la Commune.

Le général Ducrot, en racontant la part qu'il prit à la répression de cette émeute, envisage cette éventualité avec une froideur que les hommes du 4 septembre ne lui ont pas encore pardonnée.

Enfin, nous venions de nous mettre à table, lorsque le commandant Franchetti entra dans la salle à manger, et

---

(1) Cette déposition citée par le comte Daru ne figure pas dans les 4 volumes consacrés aux dépositions des témoins.

me dit à part, dans l'oreille : « J'ai vu le général Trochu, il est détenu à l'Hôtel de Ville et gardé à vue. »

Sans la moindre hésitation, je me levai et, posant ma serviette sur la table, je dis à ceux qui m'entouraient : « A cheval ! » Nous montâmes aussitôt à cheval; je fis placer un très-fort poste à la porte Maillot pour garder mes communications, je fis disposer mes réserves, et j'entrai dans Paris par les Champs-Élysées. Mon plan était très-simple. J'avais de mon autorité envoyé mes aides de camp à la caserne du quai d'Orsay, qui renfermait un bon régiment de dragons; ce régiment n'était pas placé sous mes ordres, mais je crus pouvoir agir ainsi à cause des circonstances; il reçut l'ordre de monter à cheval et d'attendre sur la place de la Concorde.

Voici quel était mon plan : descendre les Champs-Élysées et arriver à la place de la Concorde; diviser mes troupes en deux colonnes, pourvues chacune de trois canons de 12 et de trois mitrailleuses, et marcher sur l'Hôtel de Ville par la rue de Rivoli et les quais. En cas de rencontre des gardes nationaux de l'ordre, et je l'espérais bien, je les emmenais avec moi. Si, en continuant ma marche, je me heurtais à des groupes hostiles, je les dispersais avec mes mitrailleuses. J'enveloppais l'Hôtel de Ville, et je sommais les gredins qui l'occupaient de se rendre. S'ils refusaient, les pièces de 12 enfonçaient les portes. J'aurais eu promptement raison de toute résistance, et je faisais passer ces misérables par les armes.

S'il m'avait été permis d'exécuter ce plan, il est possible que MM. Jules Favre, Tamisier, Emmanuel Arago,

Jules Ferry et quelques autres de ceux qui se trouvaient là comme otages eussent été fusillés par ces misérables qui s'en étaient emparés ; mais ce qu'il y a de sûr, c'est que la répression aurait été terrible et que tout eût été fini. (T. III, *dép. Ducrot*, p. 88.)

Le général Ducrot revient encore sur ce point.

M. LE GÉNÉRAL DUCROT. — .... La même crainte de faire fusiller monseigneur Darboy et les autres otages n'a pas arrêté la marche de l'armée. La crainte de faire fusiller trois ou quatre membres du gouvernement, ce qui aurait bien pu arriver, ne devait pas nous empêcher d'agir, en suivant les règles de la justice, dans l'intérêt du pays et dans l'intérêt de Paris.

Voilà mon opinion. Du reste, vous demanderez à M. Jules Ferry de s'expliquer sur ce fait si grave d'avoir relaxé et réarmé les prisonniers. (T. III, *dép. Ducrot*, p. 93.)

M. Ferry fit relâcher les prisonniers au 31 octobre, puis au 22 janvier. Il est probable que ce révolutionnaire, par un reste de pudeur, se faisait un scrupule de sévir contre des hommes qui, après tout, ne faisaient qu'imiter ses procédés et ceux de ses amis.

M. Dorian, le ministre des travaux publics, s'entendit fort bien avec les émeutiers, dont il partageait les idées, et leur accorda tout ce qu'ils demandèrent. Son rôle est ainsi apprécié par M. l'avocat général Hémar.

M. DE SUGNY. — Du reste, il ne s'en cachait pas. Il nous a dit qu'il se tenait dans une embrasure avec d'autres membres du gouvernement, MM. J. Favre et J. Simon; les uns voulaient refuser; les autres, comme M. le général Le Flô, disaient : « Cédez tout ! » — « C'est moi, nous a dit M. Dorian, qui ai fait aboutir la convention et qui ai porté la parole. » De plus, dans le procès-verbal des dépositions, M. Dorian l'a encore reconnu. Quand on a voulu poursuivre, il a dit : « Mais vous ne pouvez pas, vous êtes engagés ! »

M. Hémar. — Mes souvenirs sont absolument précis maintenant, s'accordent parfaitement avec ce que vous venez de dire. Pour moi, dans toute cette affaire, M. Dorian a joué un rôle étrange, et en disant ce mot, je me sers encore d'une expression adoucie. (T. II, *dép. Hémar*, p. 257.)

Au dehors, on savait si bien de quoi était capable M. Dorian, que M. le colonel de Crisenoy, qui marchait au secours du gouvernement avec des gardes nationaux, parmi lesquels était le propre fils de M. Dorian, dit à celui-ci :

« Nous allons à l'Hôtel de Ville; je ne vous cache pas que c'est pour mettre les membres de la Commune à la porte; j'ignore où nous trouverons votre père; voyez si vous voulez vous retirer. » (T. II, *dép. Crisenoy*, p. 243.)

C'est alors qu'apparaît M. Étienne Arago dans toute sa splendeur. Nous lui laissons la parole.

Mon but principal a toujours été d'éviter l'effusion du sang. Souvent, pour y arriver, j'ai couru des dangers personnels et j'ai dû imposer silence à mon opinion.

M. le Président. — C'est certainement un excellent

sentiment que celui qui vous portait à éviter l'effusion du sang, mais il ne faut pas pousser l'indulgence trop loin, parce qu'il arrive souvent que pour avoir voulu éviter de verser une goutte de sang, on en fait couler des flots plus tard.

M. Étienne Arago. — Je crois qu'à ce moment on devait éviter de faire couler le sang et, en effet, il n'y en a pas eu de répandu.

M. le comte de Rességuier. — N'avez-vous pas signé le décret de convocation des électeurs affiché le 1er novembre?

M. Étienne Arago. — Je l'ai signé avec MM. Dorian, Schœlcher, Floquet et Brisson, je l'ai dit.

M. le comte de Rességuier. — A quel titre pouviez-vous signer un décret de ce genre? Le Gouvernement de la Défense ne vous y avait pas autorisé.

M. Étienne Arago. — Le Gouvernement avait accepté, au contraire, quelques heures auparavant, le principe de l'élection des maires et adjoints; j'étais complétement privé de communications avec lui depuis ce moment, et il y avait avec nous un membre du Gouvernement, M. Dorian, il avait même signé l'affiche avant moi.

M. le comte de Rességuier. — Alors vous vous êtes cru une autorité suffisante pour convoquer les électeurs?

M. Étienne Arago. — Oui, vu l'acceptation du principe par le Gouvernement. De plus, je voyais un moyen excellent d'éviter l'effusion du sang.

M. le comte de Rességuier. — A quelle heure avez-vous signé ce décret?

M. Étienne Arago. — Je ne sais pas au juste; c'est après que M. Goupil fut sorti de mon cabinet; ce furent MM. Floquet et Brisson qui allèrent le faire imprimer.

M. le comte de Rességuier. — Le décret a dû être affiché dans la soirée; car, certainement, je l'ai lu avant minuit.

M. Étienne Arago. — Oui, monsieur.

M. le comte de Rességuier. — Le sentiment général était que des maires élus, en face d'un gouvernement qui ne l'était pas, ne resteraient pas longtemps d'accord avec lui, et que, dans un temps très-court, sinon immédiatement, ils deviendraient le gouvernement lui-même, c'est-à-dire la Commune.

M. Étienne Arago. — Ce n'a jamais été mon opinion, car en lisant à la population l'adresse des maires, j'ai toujours crié : « Ainsi, pas de Commune ! pas de Commune ! » Je n'ai jamais voulu me séparer du Gouvernement de la Défense nationale. Quand, le lendemain, j'ai été instruit du désaveu qui consistait dans l'ajournement des élections, j'ai dit, en séance du conseil : « Messieurs, c'est une sorte de blessure personnelle qui m'a été faite; mais, pour moi, la paix est tellement ce que je désire, que néanmoins je reste avec vous. » Alors, tous ces messieurs, à commencer par le général Trochu, sont venus me serrer la main. (T. I, *dép. Arago*, p. 543.)

Devant la commission, l'ancien vaudevilliste éprouve le besoin de faire le bravache.

Je m'assis fort tranquillement à mon bureau. J'avoue

que j'avais un revolver dans ma poitrine, et que je me
disais : « Nous allons voir s'il faut agir ici sévèrement. »
Mais il ne se passa rien de ce que je croyais. (T. I, *dép.
Arago*, p. 541.)

A en croire M. Arago, il fut un héros et l'apôtre de la
conciliation ; mais, par malheur, d'autres dépositions nous
le montrent sous un aspect plus ridicule et autrement
vraisemblable.

« Pendant que cette question se débattait, dit M. Dréo,
le péril allait croissant de minute en minute, et comme
une prompte solution était absolument nécessaire, on
convint que les élections auraient lieu, *mais sans en
fixer la date*, et M. Ét. Arago fut autorisé à les annoncer
comme prochaines.

« Cette résolution fut adoptée par cinq voix contre trois.
MM. Em. Arago, J. Favre, J. Ferry, Pelletan, Picard, votèrent pour ; MM. Garnier-Pagès, J. Simon et Trochu
votèrent contre. »

M. Étienne Arago s'empresse d'aller porter cette bonne
nouvelle au peuple. Il se présente dans la salle du Trône ;
mais là, on l'insulte, on lui arrache le décret qu'il tenait
en main, on tire son écharpe. Indigné, il rentre dans la
salle du conseil, pâle, en proie à la plus visible émotion.
Il raconte que la foule n'a pas voulu l'entendre, que la
concession faite ne suffit déjà plus, et jetant son écharpe
sur la table : « Ils l'ont souillée, dit-il, je ne la repren-
drai pas ; les portes sont forcées, nous sommes perdus. »
(*Rapport Daru*, p. 187.)

C'est alors qu'il courut se cacher à la cave, où il resta comme un vin précieux, et que, découvert, tremblant d'effroi, par un officier de mobiles, il mérita le surnom de maire de derrière les fagots.

Pendant que les mobiles fouillaient les caves, un capitaine du bataillon, M. Laurent, je crois, mais je ne suis pas sûr du nom, avait aperçu un individu qui se cachait derrière une pile de bois. Il allait sauter sur lui, croyant se trouver en face d'un insurgé, quand l'individu lui cria : « Ne tirez pas ! ne me fusillez pas ! respectez-moi ! je suis le maire de Paris ! je suis Étienne Arago ! »

Le capitaine de mobiles lui répondit : « Si vous êtes le maire de Paris, votre place n'est pas ici ; montez en haut, dans la salle. » (T. III, *dép. Ducrot*, p. 90.)

M. le comte de Legge, qui, avec ses mobiles, pénétra par un souterrain dans l'Hôtel de Ville, confirme de point en point la déposition du général Ducrot.

Un Membre. — N'avez-vous pas trouvé M. Étienne Arago dans les caves ?

M. le comte de Legge. — Pendant que nous désarmions pour la seconde fois des insurgés, l'un de mes officiers aperçoit dans le souterrain un homme qui fuyait ; il le saisit, le renverse, et allait le maltraiter, lorsque celui-ci lui dit : « Je suis le maire de Paris. » Il le laissa se relever et lui dit : « Votre place n'est pas ici. » On voulut le faire remonter par les souterrains, mais il dit qu'il connaissait une autre route, et se dirigea du côté des cuisines, où se trouve un petit escalier qui communiquait dans les appartements de M. Haussmann, et par là, dans la salle du Trône. (T. II, *dép. de Legge*, p. 222.)

Le dénoûment de la journée fut burlesque.

Le dénoûment de la journée, qui aurait pu être tragique, fut tout simplement ridicule. Les insurgés et leurs chefs, protégés par ceux-là mêmes dont ils étaient quelques instants auparavant les gardiens, sortirent sans être le moins du monde inquiétés, et défilèrent au milieu d'une double haie de gardes nationaux. Quelle étrange fin de cette équipée !

Quoi ! Flourens, qui avait donné l'ordre de fusiller les prisonniers si on tentait leur délivrance ; Blanqui, l'ordonnateur du complot, se retirent sous la protection du général commandant la garde nationale ; et voilà MM. J. Simon, J. Favre, Garnier-Pagès, Millière, Delescluze, Ranvier, qui s'en vont pêle-mêle ! (*Rapport Daru*, p. 229.)

Ils avaient transigé avec les émeutiers, il faut voir maintenant jusqu'où ils poussèrent la complaisance.

La plupart jetaient leurs armes. C'est là que je trouvai devant moi M. Arago et d'autres membres du gouvernement que je ne connais pas ; M. Adam, le préfet de police, était avec eux. Je leur dis : « Messieurs, maintenant il n'y a plus de danger pour votre vie : laissez-moi faire. »

Ces messieurs paraissaient fort inquiets ; ils me dirent que j'allais compromettre la situation et empêcher l'exécution d'une transaction qui venait de se faire, et non-seulement ils m'empêchèrent de continuer le désarmement, mais encore ils m'ordonnèrent de laisser reprendre les armes aux insurgés. (T. II, *dép. Dauvergne*, p. 301.)

M. Dauvergne cite une lettre incroyable adressée à M. Dorian par un des maires qui n'était pas le plus prodigieux de ceux qui ornaient les municipalités de cette glorieuse époque.

GARDE NATIONALE
de la Seine
—
11ᵉ SUBDIVISION
—
Mairie du 11ᵉ Arrondissement
—
Boulev. du Prince-Eugène
—
67ᵉ BATAILLON

Paris, le 2 novembre 1870.

CITOYEN MINISTRE,

Dans la soirée du 31 octobre, vous avez fait restituer aux gardes nationaux du 67ᵉ bataillon les armes qui leur avaient été enlevées par les gardes mobiles.

L'un des gardes nationaux, le citoyen Guérin, absent en ce moment, n'ayant retrouvé à son retour ni son fusil, ni son équipement, qu'il avait quittés, n'a pu les reprendre.

Je l'ai envoyé hier, 1ᵉʳ novembre, vers deux heures, avec un mot d'écrit, réclamer son fusil et son équipement à l'Hôtel de Ville. Il était accompagné d'un camarade qui l'attendait dehors. Il est entré par la porte de la caserne Lobau, mais il n'est ressorti qu'en état d'arrestation et a été conduit à la caserne voisine.

Je vous prie, citoyen ministre, de vouloir bien faire mettre en liberté ce garde, qui est marié et père de famille, et de lui faire rendre ses armes et son équipement.

Cet acte de justice ne sera que le complément des mesures d'apaisement que vous avez prises et contribué à faire prendre dans la soirée du 31 octobre.

Signé : LACAMBRE.

(T. II, *dép. Dauvergne*, p. 302.)

Il ne faut pas oublier que le préfet de police de cette parodie de gouvernement conspirait avec les émeutiers.

M. CHAPER. — Il vaut mieux cette explication qu'une autre. Veuillez remarquer, monsieur, que je suis obligé de faire le rapport sur cette partie des événements du 31 octobre. Or, les pièces que j'ai entre les mains, les procès-verbaux et la déposition même de M. Adam, me laissent convaincu que le préfet de police avait des engagements pris avec Delescluze et autres. A son point de vue, j'aime mieux l'explication que vous donnez. (T. I, *dép. Ferry*, p. 429.)

Quelques bons esprits songeaient à une répression énergique après la victoire. Le général Trochu, lui-même, en dépit de la fausseté de son esprit et de ses billevesées sur la *force morale,* semblait comprendre cette nécessité.

Enfin nous rentrâmes au Louvre.

Il était à peu près quatre heures et demie ou cinq heures du matin ; là, je causai un instant avec le général Trochu : « Eh bien, lui dis-je, il faut une répression, et tout de suite. — Oui, dit le gouverneur, il faut qu'un exemple se fasse. — C'est indispensable. Il me semble surtout qu'il faut que cela soit vite fait ; les mobiles ont pris un certain nombre de ces misérables, les cours martiales nous donnent le moyen de les faire juger ; il faut que dès demain on en passe quelques-uns par les armes. »

Le gouverneur était tout à fait de mon avis. (T. III, *dép. Ducrot*, p. 94.)

Mais comme l'a expliqué plus tard M. Ernest Picard, il est bien difficile de sévir contre des gens avec qui on a été en intimes relations, et sous l'Empire les hommes qui depuis firent le 4 septembre étaient liés avec les chefs de cette populace insurrectionnelle, qui les considéra bientôt comme de simples précurseurs ayant fait leur temps et tenus à disparaître à bref délai pour faire place à d'autres. M. de Rochefort lui-même, le Rochefort de la *Lanterne*, croit qu'un pareil attentat doit être puni, et dans le conseil opine pour un exemple sévère.

A ces mots, le préfet de police, M. Adam, donne brusquement sa démission et malgré les instances du conseil refuse de la retirer. « Si l'on ordonne des arrestations, c'est, dit-il, la réaction qui l'emporte. »

Ce mot de réaction, que Mégy appliquait, comme nous l'avons vu, dans la séance du club des Batignolles, à la politique de M. Victor Hugo et de M. Ledru-Rollin, M. Adam l'appliquait, si l'on en croit les notes de M. Dréo, à la politique conseillée par M. Picard et par M. J. Favre. Tant il est vrai qu'il y a toujours des réactionnaires en politique ! Ce mot ne devrait effrayer personne, car on l'applique indifféremment à tout le monde. Ceux qui s'arrêtent, quel que soit leur point de départ et quel que soit leur point d'arrivée, sont toujours accusés de rétrograder ; Félix Pyat a été, dit-on, traité de réactionnaire sous la Commune.

M. J. Simon déclara qu'il suivrait M. Adam dans sa retraite. (*Rapport Daru*, p. 238.)

Cependant, l'histoire de M. Arago à la cave fut divulguée. Il est un degré de ridicule qu'on ne peut pas impunément dépasser. Le pauvre M. Arago ne sortit de sa cave que pour rentrer dans sa maison, et depuis il n'a plus fait parler de lui.

THIERS

On connaît maintenant la cause de la haine que ce sinistre *homunculus* nourrit contre l'Empire ; l'Empire tenait la place de M. Thiers. Le « Sinistre vieillard » s'était juré de gouverner la France, pour cette fois il a tenu parole. Très-supérieur comme finesse et comme conduite politique aux avocats qui formaient en majorité le gouvernement révolutionnaire, il les joua par-dessous jambes, et on ne peut sans injustice nier sa subtilité et sa rouerie.

Avec une outrecuidance supérieure à son patriotisme, il innocente les Allemands, qui, d'après lui, professaient à notre égard les sentiments les plus bienveillants.

Les auteurs de cette guerre désastreuse cherchent aujourd'hui à s'excuser, en disant que la Prusse voulait la guerre, l'avait préparée de longue main, et n'avait fait de tout cela qu'une occasion d'entrer en lutte. J'affirme, après avoir eu l'occasion de m'éclairer complétement à ce sujet, que c'est là un pur mensonge. (T. I, *dép. Thiers*, p. 7.)

Il rêvait une sorte de 4 septembre légal qui d'emblée lui eût mis le pouvoir en main.

A la même heure, M. Thiers présentait à la signature de ses collègues une proposition qu'il avait rédigée et communiquée la veille à quelques membres de l'opposition. Il y déclarait le *pouvoir vacant;* de là, la nécessité de former un pouvoir nouveau; une Commission prise au sein du Corps législatif serait chargée des fonctions gouvernementales; les colléges électoraux seraient convoqués aussitôt que les circonstances le permettraient. (*Rapport Daru*, p. 15.)

Il se pourlèche en racontant à la commission comment il espérait faire une révolution avec un expédient de rédaction.

Je dis à ces messieurs : « Les députés du centre désirent autant que vous la déchéance, je le tiens de leur propre bouche, mais ils ne veulent pas en prononcer le mot eux-mêmes. » Les membres de la gauche me répondirent qu'ils tenaient à la chose et point au mot lui-même, et nous convînmes d'une rédaction qui fut bientôt couverte de signatures, et qui devint ce qu'on appela dans le moment la proposition de M. Thiers. (T. I, *dép. Thiers*, p. 17.)

Dans la dernière réunion des députés, tenue le 4 septembre au soir, dans la salle à manger du Corps législatif, la présidence fut attribuée à M. Thiers. M. Favre et M. Simon s'y présentèrent pour apprendre à leurs ex-collègues les intentions des députés de Paris qui usurpaient le souverain pouvoir; en même temps M. Favre demanda poliment la ratification de ce coup de force, ajoutant que si on la leur refusait ils sauraient bien s'en passer.

M. Thiers lui répondit :

Le passé ne peut être équitablement apprécié par chacun de nous à l'heure qu'il est. C'est l'histoire seule qui pourra le faire.

Quant au présent, je ne puis parler que pour moi. Mes collègues ici présents ne m'ont pas donné la mission de vous dire s'ils accordent ou s'ils refusent leur ratification aux événements de la journée.

Vous vous êtes chargés d'une immense responsabilité.

Notre devoir à tous est de faire des vœux ardents pour que vos efforts réussissent dans la défense de Paris, des vœux ardents pour que nous n'ayons pas longtemps sous les yeux le spectacle navrant de la présence de l'ennemi.

Ces vœux, nous les faisons tous par amour pour notre pays, parce que votre succès serait celui de notre patrie. (*Rapport Daru, Pièces justific.*, p. 521.)

Comme si cette bande d'avocats pouvait réussir là où avait échoué un gouvernement que M. Thiers pouvait ne pas aimer, mais que lui-même savait autrement sérieux que celui qu'on improvisait sous les yeux de l'ennemi.

Mais un instant après M. Thiers alla encore plus loin, et s'efforça d'amener ses collègues à donner leur adhésion au gouvernement insurrectionnel. Nous reproduisons ici un fragment important de cette mémorable séance.

M. Thiers. — Je n'ai pas adressé de questions à nos collègues sur le sort du Corps législatif, parce que si nous avons quelque chose à nous communiquer sur cette situation, il me paraît que nous devons attendre que ces messieurs se soient retirés.

MM. Jules Favre et Jules Simon se retirent.

M. Thiers. — Messieurs, nous n'avons plus que quelques instants à passer ensemble. Mon motif pour ne pas adresser de question à MM. Jules Favre et Jules Simon a été que si je le faisais, c'était reconnaître le gouvernement qui vient de naître des circonstances. Avant de le reconnaître, il faudrait résoudre des questions de fait et de principes qu'il ne nous convient pas de traiter actuellement.

Le combattre aujourd'hui serait une œuvre antipatriotique. Ces hommes doivent avoir le concours de tous les citoyens contre l'ennemi.

Nous faisons des vœux pour eux, et nous ne pouvons actuellement les entraver par une lutte intestine. *Dieu veuille les assister ! Ne nous jugeons pas les uns les autres. Le présent est rempli de trop amères douleurs.*

M. Roulleaux-Dugage. — Quel rôle devons-nous jouer dans nos départements ?

M. Thiers. — Dans nos départements, nous devons vivre en bons citoyens, dévoués à la patrie. Aussi long-temps qu'on ne nous demandera rien de contraire à notre conscience et aux vrais principes sociaux, notre conduite sera facile. Nous ne nous dissolvons pas; mais, en présence de la grandeur de nos malheurs, nous rentrons dignement chez nous, car il ne nous convient ni de reconnaître ni de combattre ceux qui vont lutter ici contre l'ennemi.

Une voix. — Mais comment saura-t-on ce qui s'est dit ici?

M. Thiers. — Veuillez vous en rapporter à moi, vous qui m'avez fait l'honneur de me donner une présidence de quelques minutes dans ces douloureuses circonstances. Je m'entendrai avec M. Martel et vos secrétaires pour la rédaction d'un procès-verbal.

M. Buffet. — Ne devons-nous pas rédiger une protestation?

M. Thiers. — *De grâce, n'entrons pas dans cette voie.* Nous sommes devant l'ennemi, et, pour cela, nous faisons tous un sacrifice aux dangers que court la France : ils sont immenses. Il faut nous taire, faire des vœux et laisser à l'histoire le soin de juger.

M. Pinard (du Nord). — Nous ne pouvons pas garder le silence devant la violence faite à la Chambre; il faut la constater !

M. Thiers. — *Ne sentez-vous pas que si vous opposez ce souvenir comme une protestation, il rappellera aussitôt celui de la violation d'une autre Assemblée? Tous*

les faits de la journée ont-ils besoin d'une consta-
tation?

M. LE COMTE DARU. — Les scellés ont été mis sur la
porte de la Chambre.

M. THIERS. — *Y a-t-il quelque chose de plus grave*
que les scellés sur les personnes? N'ai-je pas été à Ma-
zas? Vous ne m'entendez pas m'en plaindre.

M. GRÉVY. — Le gouvernement provisoire, auprès
duquel vous m'aviez fait l'honneur de me déléguer avec
la mission de lui parler comme à des collègues, n'avait
pu nous donner sa réponse définitive. Il nous avait pro-
mis de délibérer pour nous la transmettre, en nous indi-
quant neuf heures du soir. Je ne comptais pas que cette
heure aurait été devancée, c'est pourquoi je ne suis pas
venu ici plus tôt.

Nous sommes arrivés trop tard à l'Hôtel de Ville. Il y
avait déjà un gouvernement provisoire qui s'y était
installé. Nous y avons lu l'épreuve, qu'on nous a montrée,
d'une proclamation qui nous a convaincus que notre mission était devenue sans objet.

M. ALFRED LEROUX. — Je n'ai pu aussi venir plus tôt,
parce que, ayant été chargé par vous de voir M. le général Trochu, j'ai dû me rendre auprès de lui. Je m'y suis
rendu avec M. Estancelin. Là aussi nous avons reconnu
qu'il était trop tard.

Mon devoir est maintenant de vous dire que j'ai été en
cette circonstance, autant qu'il est en moi, votre fidèle
interprète.

M. LE DUC DE MARMIER. — Vous me permettrez à moi,

dont le père a longtemps commandé la garde nationale de Paris, de vous exprimer une pensée consolante, c'est celle que nos envahisseurs n'appartenaient pas à cette garde nationale, mais à celle de la banlieue.

M. BUQUET. — Je proteste contre les actes qui viennent de s'accomplir, particulièrement contre toute idée de séparation. Je suis d'accord complétement avec les protestations que M. Buffet a fait entendre tout à l'heure dans notre séance de quatre heures, contre la violence dont la représentation nationale a été l'objet. (Mouvement et agitation.)

MM. BUQUET, PINARD, DE SAINT-GERMAIN et quelques autres déclarent qu'ils protestent.

M. THIERS. — *De grâce, ne rentrons pas dans la voie des récriminations ! Cela nous mènerait trop loin, et vous devriez bien ne pas oublier que vous parlez devant un prisonnier de Mazas.* (Mouvement.)

J'espérais que nous nous séparerions profondément affligés, mais unis. Je vous en supplie, ne nous laissons pas aller à des paroles irritantes ! Suivez mon exemple. Je réprouve l'acte qui s'est accompli aujourd'hui ; je ne peux approuver aucune violence, mais je songe que nous sommes en présence de l'ennemi, qui est près de Paris. (*Rapport Daru, Pièces justific.*, p. 522.)

On voit combien l'action dissolvante de M. Thiers était utile aux usurpateurs ; elle écartait d'eux le péril d'une résistance du Corps législatif. Comme député de la Seine, M. Thiers devait faire partie du nouveau gouvernement. Il refusa, et ses collègues, jaloux de son incontestable supériorité, se gardèrent bien d'insister.

En refusant, M. Thiers faisait preuve d'une finesse qu'on ne saurait lui dénier. Il savait bien que l'entreprise des hommes du 4 septembre était insensée autant que criminelle, et que leurs noms sortiraient exécrés de leurs contemporains en attendant que l'histoire les flétrisse. Il commença par se tenir coi, se recueillant et voyant les événements se dessiner.

Je restai donc chez moi, cherchant dans mes études chéries une distraction aux scènes auxquelles je venais d'assister. Je ne me doutais pas que j'en verrais bientôt de plus terribles. (T. I, *dép. Thiers*, p. 19.)

Il comprit bientôt que le séjour de Paris allait devenir fort désagréable, avec l'ennemi aux portes et la population armée au dedans ; il se fit donner une mission diplomatique. Cette mission consistait à aller apitoyer l'Angleterre, l'Autriche et la Russie sur notre situation. Il s'en acquitta en vantant partout ses talents : nous étions perdus, il l'avait bien prédit ; ah ! si on avait écouté ses conseils, etc., etc. On se doute bien qu'un pareil avocat ne pouvait gagner la cause qui lui était confiée.

Il raconte son départ avec un grand luxe d'égotisme.

Je partis de Paris vers le milieu de septembre 1870, le cœur serré de laisser mes amis, Paris, ma chère patrie adoptive, dans un moment où personne ne savait ce qu'il deviendrait dans huit jours, et enfin *ma pauvre maison que je ne devais plus revoir*. (T. I, *dép. Thiers*, p. 20.)

Déjà on lisait à propos de sa maison quelques pages auparavant :

La séance terminée, je rentrai chez moi, avec mes

amis, consterné, convaincu que nous marchions aux plus grands malheurs. Ma maison fut menacée, ma *pauvre maison* qui devait périr dans cette crise. (T. I, *dép. Thiers*, p. 10.)

Sa « pauvre maison » bâtie en boue et en crachat, il se l'est fait payer par une Assemblée dont il faisait, en ce temps-là, tout ce qu'il voulait, PLUS D'UN MILLION, alors que les Allemands venaient d'épuiser la France. On ne trouverait que chez les princes d'Orléans un second exemple d'une si indigne âpreté.

Avec une partie de cet argent, il s'est fait bâtir une grande maison, une façon de caserne. Cette bâtisse est laide, parce que le petit homme, en dépit de ses prétentions artistiques, n'a pas de goût, mais elle est cossue.

Cependant, les pauvres diables qui ont eu leur maisonnette détruite par le second siége qu'a nécessité son imprévoyance, attendent encore le payement de la maigre indemnité qui leur a été allouée. M. Thiers fut payé rubis sur ongle et à temps pour faire fructifier son million dans l'emprunt ruineux qu'il avait imaginé dans un but charlatanesque.

M. Thiers, ce grand patriote, a décidément un faible pour les Allemands.

Je partis donc de Tours, ma famille et mes amis fort inquiets de ce qui arriverait de moi, à travers toutes ces aventures, et je parvins sans difficulté à Orléans, où commandait le général bavarois de Thann, homme sage et quoique très-brave militaire, *fort ami de la paix, que du reste les Allemands désiraient tous.* (T. I, *dép. Thiers*, p. 23.)

En écrivant ce qu'il croit être de l'histoire, M. Thiers en arriverait à prouver que nous sommes des trouble-fêtes et que les Allemands sont les meilleures gens du monde.

A la date du 30 octobre, M. Thiers donnait aux hommes du 4 septembre ce conseil, dont on ne peut méconnaître la sagesse :

« Si j'ai un conseil à vous donner, disait-il, acceptez l'armistice, même sans ravitaillement, afin de pouvoir convoquer une Assemblée sous le plus bref délai possible et, à l'aide de cette Assemblée, d'arriver à traiter des conditions de la paix. Je ne crois pas que la situation du pays et des armées soit telle que la continuation de la lutte puisse amener un bon résultat. *Aujourd'hui la paix vous coûtera l'Alsace et deux milliards ; plus tard, indépendamment des maux et des souffrances de la guerre, la paix vous coûtera l'Alsace, la Lorraine et cinq milliards.* » (*Rapport Daru*, p. 271. »

Ainsi, de l'aveu de cet acharné ennemi de l'Empire, ce n'est pas à l'Empire qu'on peut imputer la perte de la Lorraine et trois milliards sur cinq.

Nous ajouterons que si les républicains n'avaient pas fait le 4 septembre et avaient permis de traiter après Sedan, on n'aurait pas perdu l'Alsace. C'est un fait acquis à l'histoire.

Après avoir déposé devant la commission d'enquête, M. Thiers termine par cette conclusion :

Tel est le récit fidèle et sincère de ce que j'ai vu, pensé et fait, avant, pendant et après la révolution du 4 septembre, *révolution inévitable* et très-calomniée par ceux surtout qui l'avaient rendue nécessaire. (T. I, *dép. Thiers*, p. 27.)

La grande habileté de M. Thiers a été de préparer le

4 septembre et de ne pas s'en mêler ostensiblement. Les
populations mal renseignées lui ont su le plus grand gré
d'être, à un moment donné, entré en lutte avec la poignée de coquins qui s'étaient imposés à la France. Ce fut
la source de la prodigieuse fortune qui le porta au souverain pouvoir. Pour le garder, M. Thiers ne recula devant
rien et il nous menait tranquillement au radicalisme légal
quand il fut renversé par un vote de l'Assemblée.

Ce vieillard, qui devrait quitter les longs espoirs et les
vastes pensées pour ne plus songer qu'à la mort qui le
guette, n'a qu'une idée : ressaisir le pouvoir qu'on lui a
arraché. Le maréchal de Mac-Mahon est l'objet de sa haine
particulière, et dans son intimité, où figurait M. Hugelmann,
qui vient de quitter son cabinet pour les bancs de la correctionnelle, il dit volontiers, en parlant du maréchal :

« Cet homme a été mon Trochu !!... »

Quoique M. Thiers ait soixante-dix-sept ans, nous
comptons bien qu'il vivra assez pour voir le retour de
l'Empire : *Nunc, Domine, dimitte servum tuum.*

GARIBALDI

Garibaldi a commencé par la piraterie, il a continué par le brigandage et il finit comme le Mangin de la révolution cosmopolite.

On l'a soupçonné d'être un agent prussien, mais la peur qu'il témoignait de leurs soldats rend ce soupçon invraisemblable.

Nos extraits seraient incomplets si nous ne donnions place dans ce recueil aux exploits de ce fantocchino et de ses bandits. C'est un intermède presque comique dans le cauchemar que les hommes du 4 septembre ont fait peser sur la France.

M. Fourichon, qui poussa jusqu'à la plus extrême bassesse sa complaisance pour les révolutionnaires, qui l'avaient associé à leurs méfaits, juge sévèrement l'idée baroque d'appeler ce vieux bandit en France.

J'ai regardé comme un grand scandale d'appeler cet aventurier en France. On disait que son arrivée serait le signal d'une grande manifestation. J'avais proposé à M. Crémieux et à M. Glais-Bizoin de lui faire rebrousser chemin avant son arrivée à Tours. Ils n'ont point accepté ma proposition. Peut-être ont-ils eu raison. (T. I, *dép. Fourichon*, p. 643.)

Le général, comme on appelait ce vénérable condottiere, se préoccupait surtout de bien manger.

13

« Dijon, 21 gennaio 1871.

« Caro Lelli (1),

« Ho ricevuto il pesce che avete avuto la bontà di mandarci. Egli arrivo a Dijon in buonissimo stato e piacque tanto al nostro generale. Vi ringrazio del pesce che avete spedito e vi ringrazio altrezi dell' offerta che fate di mandarne dell' altro, il quale, spedito da voi, piacera sempre al nostro caro generale, il quale, come sapete, ama molto il pesce, e specialmente quello mandato da voi, che conoscete bene la specialità della cosa.

« Vi saluto di cuore. Il vostro

« Luigi Vignati detto Guastalla. »

Si Garibaldi se connaissait en poisson, par malheur il était moins fort en topographie.

Je lui demandai s'il n'avait pas une carte d'état-major; j'eus la douleur de m'apercevoir qu'il ne savait même pas ce que c'est qu'une carte d'état-major. Il n'a jamais pu comprendre ni les altitudes, ni rien sur une carte. Il n'y avait qu'un moyen de me faire comprendre de lui, j'aperçus une boîte d'épingles qui appartenait à ces dames, car il y en avait là en costume de capitaines qui nous

(1)   Cher Lelli,

J'ai reçu le poisson que vous avez eu la bonté de nous envoyer. Il est arrivé a Dijon en très-bon état et il plaît beaucoup à notre général. Je vous remercie du poisson que vous avez envoyé et je vous remercie encore de l'offre que vous faites d'en envoyer d'autre. Le poisson envoyé par vous plaira toujours à notre cher général, qui, comme vous savez, aime beaucoup le poisson, et spécialement celui qui est envoyé par vous, qui vous connaissez bien dans cette spécialité.

avaient introduits ; je pris ces boîtes et je lui montrai les altitudes. (T. IV, *dép. Pradier*, p. 138.)

Le condottiere italien faisait la loi au prétendu gouvernement français.

M. LE PRÉSIDENT. — Il y a des dépêches émanées de vous qui caractérisent sévèrement l'inaction de Garibaldi !

M. DE FREYCINET. — Oui ; c'était un corps très-difficile à manier ; il était sous mes ordres, sans y être cependant d'une manière bien précise ; Garibaldi, à cause de sa personnalité, échappait à la hiérarchie ; il fallait lui parler le langage italien, s'adresser à sa loyauté, et mettre en jeu divers moyens qui ne sont pas dans nos habitudes françaises.

UN MEMBRE. — C'était, en un mot, un auxiliaire embarrassant. (T. III, *dép. Freycinet*, p. 22.)

Plus loin, M. de Freycinet revient sur l'indiscipline de Garibaldi.

M. DE FREYCINET. — .... J'ajoute que la hiérarchie était très-mal établie en ce qui touchait Garibaldi, et qu'à certains moments il nous échappait complétement.

M. CALLET. — Il fallait lui infliger un désaveu.

M. DE FREYCINET. — Cela aurait excédé mes attributions ; je me suis tenu en dehors de la politique. (T. III, *dép. Freycinet*, p. 23.)

Voici une des dépêches auxquelles a fait allusion M. le président de la commission :

« Je ne comprends pas les incessantes questions que vous me posez pour savoir qui commande, non plus que les difficultés qui surgissent toujours au moment où, dites-vous, vous allez faire quelque chose. La situation est bien simple : vous commandez l'ancienne armée des Vosges et les mobilisés de l'Isère ; vous avez pleins pouvoirs pour défendre tout le pays, et vous jouissez exactement des mêmes prérogatives que tous les commandants en chef. Vous êtes le seul qui invoquiez sans cesse des difficultés et des conflits pour justifier, sans doute, votre inaction. Je ne vous cache pas que *le gouvernement est fort peu satisfait de ce qui vient de se passer. Vous n'avez donné à l'armée de Bourbaki aucun appui, et votre présence à Dijon a été absolument sans résultat pour la marche de l'ennemi de l'ouest à l'est.* En résumé, *moins d'explications et plus d'actes*, voilà ce qu'on vous demande.

« *Signé :* DE FREYCINET. »

(T. III, *dép. Bourbaki*, p. 357.)

Le fils de Garibaldi, Ricciotti, était tout à fait digne de son illustre père : aussi hâbleur et aussi poltron.

Le lendemain, je vis rentrer à Dijon le fils de Garibaldi, Ricciotti. Il était à la tête d'une troupe qui avait un aspect plus que bizarre. Tout cela rentrait triomphalement musique en tête, sabres tirés, enseignes déployées. Cette arrivée me parut fort étrange ; ceci se passait vers quatre heures du soir. Dans la nuit, je reçus bien une douzaine de dépêches qui toutes me disaient : « Les garibaldiens ont abandonné Is-sur-Tille, à l'approche des

Prussiens. Ceux-ci viennent jusqu'aux portes de Dijon ;
on a enlevé tel homme à 7 kilomètres... »

M. Chaper. — Le 15 ?

M. de Laborie. — Oui, c'était le 15. Ces nouvelles
s'accentuant de plus en plus, le 16 au matin je revins
de nouveau voir Garibaldi. Je lui dis :-« Mais il se passe
quelque chose d'étrange. Votre fils qui gardait les défilés
en est sorti ; il est rentré ici en triomphateur, il paraît
qu'il s'est sauvé. » Alors Garibaldi : « Mon Dieu ! on m'a
trompé. Ecoutez! Qu'est-ce que vous voulez que je fasse?
Appelons Bordone. — Je n'ai pas besoin de voir Bordone, » répondis-je.

Je me rappelle qu'il y avait dans un coin de la chambre
à coucher un monsieur qui était habillé en général. Je
demandai à Garibaldi : « Qu'est-ce que c'est que ce monsieur ? — C'est le général Delpech. — Le général Delpech ? » Ce nom ne m'apprit rien, car alors je ne le connaissais pas, et je n'en sais pas aujourd'hui plus long.

M. Chaper. — Ce n'était pas un vrai général.

M. Maurice. — C'était un fabricant de savon.

M. de Laborie. — La conversation s'accentuait un
peu avec Garibaldi ; elle était devenue pénible. M. Delpech
n'y prit nullement part et s'absorba de plus en plus dans
la lecture d'une feuille qui était probablement fort inté-
ressante.

Devant mon refus de voir Bordone, Garibaldi me dit :
« Mon Dieu, monsieur, il faut avoir égard à la douleur
d'un père. Mon fils Ricciotti !... Je crains qu'il ne soit
sur son lit de mort !... Il a pris une fluxion de poitrine.

Puis il y a avec lui une douzaine de jeunes gens bien *éduqués* (sic), qui n'étaient pas habitués à cette vie de fatigue. » (T. IV, *dép. Laborie*, p. 63.)

Ce Ricciotti si bien éduqué, comme disait son vénérable père, ne voyait dans la guerre qui désolait la France, qu'un prétexte à parties de plaisir.

M. PERROT. — C'est tout ce que vous savez de cette petite campagne de Ricciotti du côté de Grancey. Qu'y faisait-il?

M. DE GRANCEY. — Mon Dieu, j'ose à peine le dire, mais, en mon âme et conscience, je suis convaincu que ces messieurs se considéraient comme en villégiature ; ils trouvaient cela fort amusant ; ils menaient une vie joyeuse, buvaient beaucoup et avaient beaucoup de ces officiers dont nous parlions tout à l'heure. Ils n'avaient donc aucune raison de vouloir finir un tel état de choses. (T. IV, *dép. Grancey*, p. 133.)

Le bras droit de Garibaldi était un chef d'état-major, un ancien médecin nommé Bordone. On l'a longtemps appelé le pharmacien Bordone, c'est une erreur : Bordone était bel et bien médecin. En dehors de ses antécédents judiciaires qui sont fort clairs, on sait fort peu de chose de l'histoire de cet aventurier avant que Garibaldi le prît pour son chef d'état-major. Ce médecin qui, dans l'excès de sa rage homicide, quittait la lancette pour le sabre, avait eu des démêlés avec la justice. Voici ses états de service, c'est-à-dire son casier judiciaire :

Pièce n° 4

EXTRAIT des minutes du greffe de la Cour de Paris.

Au dossier de la procédure suivie contre BORDONE, se trouve au dossier, à la cote 13, la pièce suivante :

RELEVÉ *des bulletins individuels de condamnation alphabétique classés au casier judiciaire concernant le nommé* BORDONE (PHILIPPE-JOSEPH-TOUSSAINT), *âgé de 50 ans, né à Avignon, le 4 novembre* 1831.

Fils de JOSEPH-ANTOINE *et de* CHRISTINE MARCHISO, *domiciliés à Avignon.*

État civil de la famille : marié, 1 enfant; profession : docteur en médecine

DATES des CONDAMNATIONS	COURS ou TRIBUNAUX	NATURE des CRIMES ou DÉLITS	NATURE ET DURÉE des PEINES
13 mars 1857.	La Châtre.	Coups.	10 fr. d'amende.
20 juillet 1860.	Cour de Paris.	Escroquerie.	2 mois de prison, 50 f. d'amende
2 juillet 1858.	La Châtre.	Détour^nt d'objets	50 fr. d'amende.

Vu au parquet
par le Procureur de la République.

Certifié conforme par le greffier,
le 5 janvier 1872.

(*Rapport Ségur*, p. 46.)

Bordone avait un rival qu'il était parvenu à supplanter. C'était un certain Franzini, qui est actuellement député au Parlement italien. Ce Franzini voulait bien se promener en France avec de nombreux galons et une solde convenable, mais il ne consentait jamais à se battre. Nous mettons sous les yeux de nos lecteurs une série de dépêches propres à les édifier sur la bravoure de cet aventurier :

N° 24.

Dijon, 21 janvier.

GÉNÉRAL PELLISSIER A GÉNÉRAL FRANZINI, BEAUNE.

Rassemblez ce que vous pourrez de vos légions et dirigez-les sans retard sur Dijon. Nous sommes attaqués sur tous nos avant-postes.

Si les choses se calment, trouverez à Nuits dépêche pour vous y arrêter.

PELLISSIER.

N° 25.

Beaune, 21 janvier.

GÉNÉRAL FRANZINI A GÉNÉRAL PELLISSIER, DIJON.

Il m'est pénible de vous réitérer ce qui fait de la peine à un vrai soldat républicain. Mes hommes ont des armes sans chiens, sans baïonnettes, et d'autres qui ne peuvent être essayées à la cible. Partir à votre secours serait vous conduire ceux qui, n'ayant pas de confiance, se jetteraient dans le désordre. J'ai trop à cœur d'offrir une brigade qui doit enregistrer sous mon commandement de glorieux faits d'armes, mais j'attends les nouvelles armes que le ministre devait m'adresser, suivant sa dépêche. Une fois l'organisation et l'instruction finies, je ne me laisserai pas dire deux fois quand il faut marcher à l'ennemi.

Général FRANZINI.

N° 26.

22 janvier, 1 heure matin.

GÉNÉRAL PELLISSIER A GÉNÉRAL FRANZINI, BEAUNE.

Je reçois par général Garibaldi communication de la dépêche adressée par vous au sous-préfet de Chalon, dépêche que je ne puis concevoir et que je ne saurais trop sévèrement blâmer.

Je vous réitère l'ordre de vous rendre sans délai à Dijon. Si vous avez de mauvaises armes, nous chercherons à vous les changer ; si vous avez des hommes peu exercés, nous les tiendrons en réserve et les abriterons derrière nos murailles, derrière des fortifications. Mais vous ferez nombre, et trouverez du reste assez d'autres mobilisés, tout aussi mal armés que vous, qui vous montreront l'exemple du courage. PELLISSIER.

N° 27.

22 janvier, 4 heures 15 matin.

GÉNÉRAL PELLISSIER A GÉNÉRAL FRANZINI, BEAUNE.

Par ordre du général Garibaldi, je vous envoie une troisième fois l'ordre de venir nous rejoindre sans délai, en faisant au chemin de fer réquisition d'un convoi. Le général met sous votre responsabilité personnelle toutes les conséquences qui pourraient résulter de votre absence, et poursuivra, me dit-il, jusqu'en cour martiale, s'il y a lieu. PELLISSIER.

13.

N° 28.

Beaune, 22 janvier.

GÉNÉRAL FRANZINI A GÉNÉRAL PELLISSIER.

Encore une fois, j'attends les ordres de Gambetta. Je ne puis pas avant mettre la révolution et le désordre dans mes troupes. Quant aux menaces de Garibaldi, je puis vous assurer qu'elles sont sans fondement.

FRANZINI.

N° 29.

22 janvier, 11 heures matin.

GÉNÉRAL FRANZINI A GÉNÉRAL PELLISSIER, DIJON.

D'après l'avis des chefs de légions, de bataillons et de compagnies, tous braves soldats, qui ne demandent pas mieux que de verser tout leur sang pour la République, mais les forces majeures m'obligent de me retirer à Mâcon, afin de ne pas vous embarrasser, si toutefois vos troupes battaient en retraite. J'en informe le ministre Gambetta et général de division.

FRANZINI.

N° 30.

22 janvier 1871.

GÉNÉRAL PELLISSIER A GÉNÉRAL COMMANDANT LA DIVISION A LYON, A GÉNÉRAL COMMANDANT LA SUBDIVISION ET A PRÉFET MORIN, MACON.

Faites arrêter partout où vous le trouverez le général Franzini, commandant supérieur des mobilisés de la Haute-Savoie, qui, malgré les ordres les plus précis, a quitté son poste au moment du danger, entraînant avec lui les troupes sous son commandement.

PELLISSIER.

(T. III, *dép. Pellissier*, p. 517.)

Une autre célébrité garibaldienne, le colonel Lobbia, se comportait avec un cynisme dont nous donnons un exemple :

Un jour, le colonel Lobbia vint chercher le commissaire de police et lui dit de l'accompagner dans une maison de tolérance *pour affaires de service*. Entré dans cette maison, le colonel Lobbia lui dit de l'attendre dans une pièce et entra dans une chambre; quelques instants après il lui dit :

Nous pouvons nous en aller, j'ai vu ce que je voulais voir. (T. IV, *dép. Castillon*, p. 92.)

Il y avait dans l'armée garibaldienne des officiers femelles. Quelques-unes de ces drôlesses figurèrent sans doute parmi les pétroleuses de la Commune.

M. DE GRANCEY. — ...Ces troupes n'avaient aucune cohésion ni aucune discipline, plusieurs femmes y avaient des emplois d'officiers.

M. DE RAINNEVILLE. — Commandant à des hommes?

M. DE GRANCEY — Oui !

M. CHAPER. — Vous avez vu cela?

M. DE GRANCEY. — Je ne l'ai pas vu, mais je le sais, à n'en pouvoir douter. Je connais un ancien officier habitant Dijon, qui a reçu un billet de logement pour deux officiers; l'un d'eux était une femme qui avait un commandement.

M. de Rainneville. — Pas sur des Français ?

M. de Grancey. — Si, certainement. D'ailleurs, il y avait dernièrement à Genève une certaine Pépita qui faisait des conférences sur le rôle qu'elle a joué comme capitaine de cavalerie pendant la guerre. Il y en avait une autre qui avait les insignes de chef de bataillon et qui faisait partie de l'état-major de Ricciotti, je crois. (T. IV, *dép. Grancey*, p. 132.)

Nous citerons à l'appui la déposition de M. Castillon :

A cette occasion, je dirai à la commission que plusieurs officiers de francs-tireurs avaient avec eux leurs maîtresses ; elles avaient des grades et il y avait beaucoup d'officiers-femmes. Parmi elles se faisait remarquer celle du commandant Delorme, qui avait le grade de capitaine et en touchait la solde. J'ai d'autres noms qui m'ont été donnés par le commissaire de police ; il importe peu de les connaître. Mais, enfin, plusieurs femmes avaient, les unes le grade d'aide-major, les autres celui de capitaine ou de lieutenant. Elles suivaient l'armée à cheval, commandaient, passaient même des revues, en un mot accompagnaient les officiers avec un grade plus ou moins élevé. (**T. V,** *dép. Castillon.*)

Un autre témoin, M. Debuschère, n'est pas moins explicite.

Un Membre. — N'y avait-il pas même des femmes parmi eux ?

M. Debuschère. — Il y avait beaucoup de femmes. Presque tous les officiers avaient leurs femmes ou leurs maîtresses, et ces femmes ou ces maîtresses touchaient la solde d'officiers.

M. de Rainneville. — Est-ce qu'elles commandaient?

M. Debuschère. — Je ne le pense pas.

M. le Président. — Êtes-vous bien sûr que ces femmes eussent la solde d'officiers ?

Un Membre. — Un témoin a déposé qu'un capitaine était du sexe féminin.

M. Debuschère. — Il y avait dans un bataillon une femme qui était adjudant-major ; elle se promenait avec ses galons, touchait sa solde. (T. IV, *dép. Debuschère*, p. 95.)

Les garibaldiens songeaient surtout à faire bombance.

Pièce n° 8

DÉPENSE DU COMITÉ GARIBALDIEN DE MARSEILLE

Punch offert au fils de Garibaldi, dit Menotti, à son passage à Marseille, dans une salle de la brasserie du Chapitre

Doit M. le Délégué garibaldien à Leving, brasserie du Chapitre, ce qui suit :

10 bols de punch à 5 fr.	50	»
1 caisse cigares londrès	30	»
18 Moss de bière Velten (Munich)	18	»
3 verres de bordeaux	1	»
1 bouquet offert à Menotti	12	»
Frais de décoration	5	»
Total	116	»
Rabais	16	»
Reste dû	100	»

Marseille, le 16 octobre 1870.

Acquitté la facture pour la somme de 100 fr.
Signé : François LEVING.

(*Rapport Sugny*, p. 53.)

Comme gastronome, Bordone rivalisait avec Garibaldi.

M. Castillon. — A cet égard je ne pourrais rien vous dire de positif; cependant je sais qu'une fois dans un de ces trains, M. Bordone emmena une pâtissière d'Autun chez laquelle il logeait. Cette patissière, comme tous les commerçants d'Autun, ne pouvait se munir de provisions; nous étions aux environs du jour de l'an et elle revint avec deux ou trois wagons pleins de marchandises. A son retour, la Compagnie du chemin de fer qui avait transporté gratuitement la pâtissière sur la réquisition de M. Bordone, voulut faire payer le transport des marchandises, la pâtissière s'y refusa et la Compagnie déclara qu'elle ne livrerait ces deux ou trois wagons de marchandises que contre payement de transport. Un officier d'état-major menaça de procéder à des arrestations si on ne rendait pas les marchandises; mais devant l'attitude ferme des agents de la Compagnie, on paya.

M. Perrot. — Avec quels fonds ?

M. Castillon. — Je crois que c'est la pâtissière qui paya, je ne sais si ces fonds lui furent remboursés.

M. Perrot. — Vous n'auriez pas personnellement connaissance d'un grand dîner donné par l'état-major garibaldien, et à l'occasion duquel on se serait servi d'un train spécial pour envoyer chercher une partie du dîner à Lyon ?

M. Castillon. — J'ignore ce fait. Je sais que quelques jours avant ce dîner, M. Bordone est allé à Avignon en train spécial pour des fournitures relatives à l'armée, et qu'à son retour il rapporta des provisions pour le dîner, qui eut lieu, je crois, le 1er janvier, et dans lequel on réunit les principaux officiers. Ce dîner eut lieu à la sous-préfecture, où logeait le général. Je ne sais pas quel était le nombre des convives. On fit venir du Midi différents poissons ou volailles et quelques pièces fines. Avait-on envoyé un train spécial pour chercher ces vivres ? Je ne le sais. Ce que je puis dire, c'est que quelques jours avant le dîner, M. Bordone partait pour Avignon, et à son retour rapportait des provisions. (T. IV, *dép. Castillon*, p. 88.)

Menotti et Ricciotti, les deux fils du brigand de Caprera, passaient leur temps à jouer. Toute la bande garibaldienne les imitait.

M. Debuschère. — Les officiers garibaldiens jouaient un jeu d'enfer ; ils passaient leurs nuits à cette occupation ; et il faut croire qu'ils gagnaient de l'argent, car je sais que dans une semaine ils ont envoyé 14,000 fr. en Italie.

M. le Président. — Comment pouvaient-ils trouver de l'argent pour jouer ?

M. Debuschère. — Avec la solde qu'on leur donnait. On leur donnait d'abord une entrée en campagne. A ce sujet, il y eut certains tripotages : on faisait trafic de l'entrée en campagne. Il y a des officiers qui ont touché une, deux et trois fois leur entrée en campagne. Ils s'engageaient, puis s'en allaient, puis ils revenaient huit jours après, et ils touchaient une nouvelle entrée en campagne.

M. le Président. — On a déjà affirmé ce fait dans d'autres dépositions.

M. Debuschère. — Garibaldi, lui, se couchait de bonne heure. Vous savez que Garibaldi est très-infirme; il ne peut rien faire par lui-même, il a les pieds très-malades et les mains également. Mais ses fils, Ricciotti et Menotti, avaient la passion du jeu. Menotti restait toute la nuit au café, à jouer au billard. Il jouait seul quand il n'avait pas de partenaire.

Ricciotti passait une partie de ses nuits à jouer avec ses subordonnés. Il en était de même de Bordone et de tous ces messieurs.

Pillant partout, on s'explique comment ces excellents auxiliaires trouvaient des ressources pour leur jeu et leurs autres plaisirs.

M. Debuschère. — ..... J'en ai vu arriver les trois quarts avec des chemises sortant de leurs culottes : trois jours après, ils se promenaient dans les rues, bariolés et chamarrés d'or, et pendant ce temps nos malheureux mobiles étaient à moitié morts de froid, parce qu'ils étaient mal vêtus et relégués dans les églises. (T. IV, *dép. Debuschère*, p. 34.)

Le général Pellissier peint leur conduite en ces termes :

M. le général Pellissier. — Je vous ai dit que le corps d'armée de Garibaldi se permettait des faits inouïs. A ce sujet, je vous ai cité le fait du sonneur de cloches; je pourrais en citer bien d'autres, des maisons forcées, surtout des maisons de tolérance dont on enfonçait les portes !...

M. le Président. — N'allait-on pas jusqu'à l'assassinat en pleine rue ?

M. le général Pellissier. — L'assassinat en pleine rue ne faisait pas reculer les francs-tireurs et les volontaires de Garibaldi : il faut avouer cependant que quand leurs chefs les prenaient, ils étaient fusillés ; mais la plupart du temps on ne savait pas où passaient les coupables, ni qui ils étaient. Dans les villes, ces francs-tireurs s'observaient un peu ; mais dans les fermes ils entraient en maîtres et disaient au fermier : *Tu vas nous donner telle chose ou nous allons brûler ta baraque !* (T. III, *dép. Pellissier*, p. 510.)

Le général Pradier a vu ces misérables à l'œuvre, il donne des renseignements identiques.

La conduite des garibaldiens a été infâme pendant tout le temps de l'occupation. Voici les faits qui m'ont été rapportés par les personnes les plus honorables, lorsque je suis arrivé à Autun le 4 décembre. Déjà M. Margerie avait été arrêté. Une bande de francs-tireurs marseillais s'était abattue à onze heures du soir sur l'évêché ; on avait tiré Monseigneur par les pieds, on avait fouillé partout, sous prétexte de trouver des Prussiens et des armes cachées. Monseigneur venait de recevoir de Rome ses effets sacerdotaux. On avait vu entrer cette caisse d'effets dans l'évêché ; il n'en fallut pas davantage pour faire planer sur l'évêque des soupçons de trahison. J'avais été envoyé à Autun par ordre du général Bressolles, commandant la 8e division militaire, qui

m'avait donné cet ordre impératif : « Rendez Autun redoutable, profitez des études qui ont été faites sur les
hauteurs environnantes ; inspirez-vous, pour la défense
de Chagny, Chalon, Tournus, des études de crêtes faites
par le génie. » Je formai une commission de défense à
laquelle j'appelai le commandant Gilles et M. Vossier, in-
specteur des ponts et chaussées. J'arrivai à Autun en
pleine orgie garibaldienne. C'était ce soir-là que Ricciotti
fêtait son ruban de la Légion d'honneur, à l'hôtel de la
Poste, précisément dans l'hôtel qu'on m'avait indiqué à
Mâcon.

L'hôtel de la Poste était rempli d'officiers garibaldiens
et de femmes garibaldiennes, les unes en uniforme, les
autres en femmes, mêlées avec des femmes du plus bas
étage de la ville d'Autun. J'entendais là des chansons
obscènes que je n'avais entendues en Italie que dans la
bouche du plus bas peuple. (T. IV, *dép. Pradier*, p. 136.)

Ces bandits n'ont fait qu'ajouter aux charges de l'invasion.

Mais voici un troisième fait ; je le tiens du commandant
lui-même, qui le premier s'est mis à en rire : Un M. Ey-
nard arrive auprès du général et demande un commandement ; il prétendait que ses mérites l'autorisaient à être
nommé commandant. On lui répondit qu'on n'avait aucune troupe à mettre à sa disposition. Alors il eut l'idée
de former un corps d'*isolés*, c'est-à-dire de jeunes gens
qui auraient perdu leur corps. Il nous a avoué qu'habi-
tuellement il avait huit ou dix hommes au plus, mais que

les jours de paye ce nombre s'augmentait considérable-
ment et qu'il allait jusqu'à quarante ou cinquante hommes. Ce corps-là n'a dû rendre évidemment aucun service, puisque les enrôlés venaient d'une manière fort
irrégulière et que l'officier ne connaissait aucun des hommes de son effectif, lequel variait journellement.

Il se passait aussi un autre fait assez grave, c'est qu'on
touchait une entrée en campagne au moment où l'on
prenait le commandement d'un corps. MM. les officiers
trouvaient très-commode d'ajouter de la sorte à leurs appointements la somme de 600 ou 800 francs, selon leur
grade. Au bout de quelque temps, ils quittaient le corps
qu'ils avaient pris et entraient dans un autre. Il est arrivé, — je ne le sais pas personnellement, c'est d'après le
rapport du commissaire de police que je parle, — que
des officiers ont touché plusieurs fois l'entrée en campagne en changeant de corps. C'était assez facile, vu la
désorganisation générale et l'impossibilité de contrôler les
différentes commissions qu'on donnait à des officiers qui,
souvent du reste, changeaient de nom. Les officiers eux-
mêmes s'entr'envoyaient leurs hommes afin d'avoir un
plus grand effectif. (T. IV, *dép. Castillon*, p. 85.)

Le même témoin fait un tableau très-complet de leurs
violences et de leurs déprédations.

Un fait qui avait également attiré l'attention des habitants et provoqué leurs craintes, c'était de voir que, toute
la journée, les francs-tireurs conservaient leurs armes.
Cependant ils ne faisaient jamais le moindre exercice; il y

avait bien un appel par jour, mais il était dérisoire et ces
hommes passaient toute la journée dans les cafés, dans
les auberges, commettant toute espèce d'abominations.
Mais ils conservaient toujours leurs armes, ils tiraient
des coups de feu, inquiétaient les habitants et se servaient
très-souvent de ce moyen pour mendier avec menaces. Je
dois même dire que des militaires, montant la garde,
mendiaient sous les armes. J'ai été moi-même escorté de
la sorte et plusieurs personnes l'ont été également. Je
pourrais citer M. Ernest Pinard, l'ancien ministre, qui
m'a raconté le fait lui-même. Quand on ne leur répondait
pas, ils faisaient un mouvement comme pour armer le
chien de leur fusil, et il ne fallait pas trop s'effaroucher
si on voulait leur résister. Mais il y avait bien des personnes qui préféraient donner plutôt que de s'exposer
quelquefois à un mauvais quart d'heure.

Dans la rue, ils ne craignaient pas non plus d'attaquer les habitants, surtout les membres du clergé, qui
étaient journellement insultés.

Je dois faire part à la commission d'un fait qui est très-
certain, il m'a été communiqué par les personnes elles-
mêmes qui en ont été l'objet; c'est un économe du grand
séminaire, l'abbé Lacatte; il se trouvait dans la rue au
moment où un corps d'Italiens passait. Ces hommes cer-
nèrent le malheureux abbé dans un coin de la rue, en
criant : « Enlevons-le! » On le poussait, on lui faisait
mal, lorsque passe M. le substitut du procureur de la
République, qui leur dit : « Laissez donc tranquille ce
prêtre, il ne vous a rien fait. » Immédiatement on s'élance

sur le substitut du procureur de la République, et on le maltraite. Il veut réclamer, mais immédiatement, car c'était une tactique de ces francs-tireurs, par un coup de sifflet, trente ou quarante hommes entourent les coupables, de sorte qu'il est impossible de les saisir et l'impunité leur est assurée. Ce fait-là, j'en témoigne devant la commission parce qu'il m'a été raconté par les témoins eux-mêmes ; mais il y a peut-être cinquante faits du même genre, ayant plus ou moins de gravité, et toujours on remarquait ce signal : un coup de sifflet partait, on vous entourait et il était impossible de saisir les vrais coupables.

Pendant cette période, depuis le siége d'Autun jusqu'au moment du départ des garibaldiens pour Dijon, il y a également de nombreux faits de réquisitions dans les campagnes. Ces hommes allaient par bandes armées de douze, quinze, trente personnes, et ils pillaient le plus qu'ils pouvaient. (T. IV, *dép. Castillon.*)

Les brigands italiens commandés par Garibaldi et les républicains français qui s'étaient enrôlés dans ces bandes de malandrins se comportaient en France beaucoup plus mal que les Allemands envahisseurs qu'ils étaient censés combattre : le pillage, l'assassinat, le viol, il n'y a pas de crimes qu'ils n'aient commis.

Le 1er mars est un jour de grande foire dans le pays; les domestiques des deux sexes viennent sur le marché offrir leurs services. Les soldats de la légion Ravelli vinrent sur le marché, et là, en public, devant tout le monde, se permirent les outrages les plus odieux sur les femmes qui y étaient, et repoussèrent à coups de poing les pères et les maris outragés qui venaient au secours de leurs enfants ou de leurs femmes. Je citerai ce fait particulier que Menotti Garibaldi, qui avait donné sa démission la veille de ce jour, vint en costume bourgeois sur le marché pour rétablir le bon ordre et qu'on fut obligé de requérir un certain nombre d'hommes, entre autres les mobilisés de l'Isère, pour forcer ces gens à évacuer le marché et à rentrer dans les casernes où on les consigna. La population était indignée. (T. IV, *dép. Castillon*, p. 91.)

On se rappelle qu'au moyen âge, dans la grande ferveur des croisades, quelques scélérats organisèrent une croisade d'enfants. Ces malheureux, arrachés à leurs familles et transportés en Orient, furent vendus par ceux qui les avaient racolés. Les garibaldiens imitèrent ce bel exemple et ils se mirent à enrôler des enfants. Ce fait incroyable est attesté par l'honorable M. Debuschère, lequel a fourni sur les agissements de Garibaldi et des garibaldiens en France les renseignements les plus précieux.

Il y avait une compagnie d'enfants perdus; ces enfants avaient 14, 15 ou 16 ans. En passant à Chalon-sur-Saône, on en a racolé 54 dans l'espace de quelques heures. Ces enfants souffraient du froid, et beaucoup ont réclamé de rentrer dans leurs familles. J'ai connaissance que huit enfants sont retournés chez eux, se plaignant de leurs misères et de leurs souffrances; ils n'avaient pas la force de faire un métier aussi pénible que celui-là.

M. LE PRÉSIDENT. — Touchaient-ils une solde?

M. Debuschère. — Oui.

M. Henri Vinay. — Ils étaient racolés malgré leurs parents?

M. Debuschère. — Oui, monsieur, des enfants de 14 à 15 ans; c'est l'exacte vérité. On en a racolé 54 à Chalon dans l'espace de trois heures. Quelques-uns sont morts de fatigue, et tous souffraient énormément.

Quand on s'est occupé de faire rentrer chez eux beaucoup de ces enfants, leur commandant leur a fait monter la garde en dehors de la ville, afin qu'on ne les reprît pas et afin de les empêcher de rentrer chez eux.

Les témoignages sur les déprédations des garibaldiens sont accumulés avec une écrasante unanimité.

Beaucoup d'habitants ont eu à souffrir de la conduite des soldats qui logeaient chez eux : nous avons reçu des plaintes fréquentes à ce sujet, et c'étaient toujours à peu près les mêmes : les garibaldiens insultaient les habitants dans les rues ou chez eux, se plaignaient de n'être pas assez bien logés, voulaient être nourris, bien que, d'après les règlements militaires, on fût tenu seulement à leur fournir le logement. Les garibaldiens usèrent aussi, surtout dans le commencement, de réquisitions nombreuses, et voici comment ils procédaient :

A l'origine, au moment de leur arrivée, à Autun, l'intendance n'était pas organisée; c'était M. le sous-préfet qui ordonnançait tous les mémoires qui lui étaient présentés. Or, MM. les officiers garibaldiens qui pourtant avaient touché leur entrée en campagne, s'adressaient à

des fournisseurs pour se faire remettre ce qu'ils préten-
daient leur manquer, faisaient des bons, et ces bons
étaient ensuite présentés par les fournisseurs. Ainsi ces
messieurs se faisaient faire des paires de bottes de 60,
de 80 francs, des vêtements, des manteaux de 100 et
de 200 francs, etc. Cet état de choses dura tant
qu'il n'y eut pas d'intendance, jusqu'à la première affaire
de Dijon. Il y eut des abus criants; des bons de toute
espèce ont été présentés; ainsi, il y eut chez des coiffeurs
des bons de pains de savon, d'eau de toilette. En général,
on se plaignait fort de la conduite de ces officiers garibaldiens. (T. IV, *dép. Castillon*, p. 80.)

Les troupes restèrent à Autun jusqu'au 26 novembre,
date à laquelle elles partirent pour Dijon, afin de prendre
part à la première affaire.

On ne s'étonnera pas que ces coquins aient tourné leur
fureur contre les prêtres. Avec la connivence ou tout au
moins avec la tolérance du gouvernement de Tours, les
garibaldiens ont rajeuni dans la partie de la France qu'ils
ont envahie les souvenirs de 93. Qu'un juif malfaisant
tel que M. Crémieux, qu'un parodiste de Danton comme
M. Gambetta, se soient faits les complices de ces criminelles
violences, par l'impunité dont ils les couvraient, il n'y a pas
là de quoi nous surprendre, mais qu'un vice-amiral comme
l'était M. Fourichon, membre du Gouvernement, ait laissé
passer de pareils faits sans protestation, sans objection,
c'est là un signe de démoralisation révolutionnaire d'at-
tristante nouveauté.

M. DEBUSCHÈRE. — Quelque temps après, arriva
l'armée de Garibaldi. Les troupes avaient laissé des

forces, non-seulement au petit séminaire d'Autun, mais au grand séminaire. Les établissements religieux furent dégradés, quelques-uns pillés. Le couvent de Saint-Jean fut celui qui souffrit le plus. On mit le feu au grand séminaire, on y avait apporté des matières combustibles. Les garibaldiens se vantaient bien haut qu'ils brûleraient tous les établissements religieux avant de s'en aller. Le couvent de Saint-Martin fut pillé par une certaine légion espagnole qui se composait d'un ramassis de mauvais sujets. On pénétra dans toutes les pièces du couvent, dans la chapelle, et il y eut un pillage général. (T. IV, *dép. Debuschère*, p. 96.)

Un témoin, déjà cité par nous, atteste les sévices dont les prêtres étaient l'objet.

M. DEBUSCHÈRE. — Le clergé était surveillé; deux prêtres des environs ont été arrêtés par les garibaldiens et conduits en prison.

M. DE SUGNY. — Ces prêtres n'ont-ils pas été traînés dans les rues d'Autun?

M. DEBUSCHÈRE. — C'est exactement vrai. (T. IV, *dép. Debuschère*, p. 96.)

Le général Pellissier confirme ces témoignages.

Les opérations extérieures seraient faites et commandées par le général Garibaldi. Tel était le sens de la dépêche. Je restai donc là, et même dans d'assez bons termes avec le général Garibaldi. Cependant il y avait constamment des plaintes faites par le maire de Dijon,

M. Dubois, aujourd'hui député; il venait se plaindre à moi de méfaits commis par l'armée des Vosges, et principalement par Bordone. Ainsi, une fois, une compagnie de francs-tireurs s'était emparée de la voiture et des chevaux de l'évêque. Je fis rendre la voiture et les chevaux. Une autre fois, de malheureux sacristains sonnaient la messe; Bordone les fit arrêter, disant que c'était un signal à l'ennemi. Le maire de Dijon vint se plaindre à moi. Je fis relâcher immédiatement les sacristains et je signifiai à Bordone que, s'il avait à se plaindre, il devait s'adresser à moi.

Aussi le général Bordone cherchait-il toutes les occasions de me dénigrer et de me calomnier, ainsi que les mobilisés sous mes ordres, comme on peut s'en convaintre par les dépêches n°s 53 et 54. (T. IV, *dép. Pellissier*, p. 508.)

M. Castillon donne d'intéressants détails sur les violences et sur les vols dont fut victime Mgr Marguerie, le vénérable évêque d'Autun.

M. le comte Daru, *président*. — Monsieur, vous avez habité Autun à l'époque où les garibaldiens l'ont occupé. Je vous prie de nous dire quels sont les faits dont vous avez été témoin et quels renseignements vous pouvez nous donner sur l'état de la ville pendant et après l'occupation.

M. Castillon. — J'ai été effectivement à Autun pendant le temps où les garibaldiens s'y trouvaient. J'étais alors juge suppléant, et le procureur de la République habitant à ce moment une ville occupée par les Prussiens, ne put se rendre à Autun pendant trois mois; pendant ce temps j'ai rempli intérimairement les fonctions de substitut. Cette situation m'a permis de savoir beaucoup de faits qui m'ont été communiqués par M. le commissaire de police, ou par les habitants qui venaient journellement déposer des plaintes au parquet. Je dois dire que personnellement, je n'ai jamais eu à me plaindre, soit des soldats, soit des officiers garibaldiens. Ce n'est donc que comme témoin, impartial et souvent attristé des événements qui ont eu lieu, que je vais avoir l'honneur de faire part à la commission des faits qui sont parvenus à ma connaissance.

Les garibaldiens sont arrivés à Autun, si mes souvenirs sont exacts, le 8 novembre, à un moment où on était loin de les attendre. Le lendemain même de leur arrivée, ils commencèrent à jeter une certaine terreur dans la population. Comme ils n'avaient pas fait annoncer leur arrivée, des logements n'avaient pu leur être préparés ; ils envahirent aussitôt les églises. Bientôt après ils se répandirent dans la ville, et à partir de ce moment, tous les jours c'était à qui raconterait de petits faits de vols dont chacun avait été victime. Ces gens entraient dans les magasins, ils se faisaient montrer différents objets, puis à un moment donné, ils se bousculaient et sortaient au milieu du tumulte, en emportant différentes choses, bien entendu sans les payer.

Trois jours après leur arrivée, nous apprîmes que pendant la nuit, les soldats d'un bataillon de francs-tireurs,

—celui, je crois, de l'*Égalité*, — qui étaient logés à l'évêché, avaient forcé les appartements de Sa Grandeur. Ces hommes, au nombre d'une trentaine environ, précédés d'un officier armé d'un revolver et porteur d'une petite lanterne sourde, pénétrèrent par violence dans les appartements privés de Mgr de Marguerie. Ce vénérable vieillard reposait. Éveillé dans son premier sommeil, il fut naturellement surpris de cette visite inattendue, et il leur demanda ce qu'ils venaient faire. Leur chef répondit qu'ils étaient envoyés pour voir s'il n'avait pas chez lui des armes et de l'argent. Puis la perquisition commença. Naturellement ils ne trouvèrent point d'armes, mais ce qu'ils surent bien découvrir et ce qu'ils emportèrent, ce furent deux montres, la croix pectorale de l'évêque, puis une grande quantité de médailles d'argent que Mgr de Marguerie avait rapportées de Rome, où il venait d'assister au concile.

La population fut naturellement émue de cet événement. Monseigneur même déposa une plainte à l'état-major; mais il ne se contenta pas de cette démarche, il envoya son grand vicaire à Tours, afin d'exposer la situation telle qu'elle était. Je crois qu'une enquête fut ordonnée, mais je n'en ai jamais connu le résultat. Ce que je puis affirmer, c'est que jamais les coupables n'ont été poursuivis.

La haine des garibaldiens contre le clergé se manifesta par plusieurs perquisitions analogues. Ainsi, à un ou deux jours de distance, nous apprîmes qu'un corps de francs-tireurs qui se trouvaient logés chez les Oblats de

Marie (je dois dire en passant qu'il y a à Autun deux établissements d'Oblats qui furent tous les deux occupés par les troupes étrangères) avaient saccagé pendant la nuit l'établissement des Oblats de Marie de Saint-Jean. Une troupe espagnole, commandée par un capitaine Canoveole, pénétra dans l'église, y enleva différents ornements servant au culte, passa dans la sacristie et y enleva un saint ciboire qui heureusement était vide. Un prêtre avait eu le temps d'emporter du tabernacle le saint ciboire qui contenait des hosties consacrées. Ces gens ne s'en tinrent pas là : ils s'affublèrent de différents ornements qu'ils trouvèrent dans la sacristie et parodièrent une procession. Après cela, ils se rendirent dans le jardin qui est attenant à cette maison d'Oblats, le saccagèrent, coupèrent la tête d'une statue de la Vierge qui se trouvait dans la cour, et déposèrent à la place, paraît-il, des tas d'ordures. (T. IV, *dép. Castillon,* p. 77.)

Le fait des deux prêtres arrêtés et traînés à travers les rues par les garibaldiens est confirmé dans la déposition de M. Castillon.

Le lendemain de l'arrivée de l'armée garibaldienne, deux prêtres furent amenés à la prison, conduits par une vingtaine de garibaldiens ; ils venaient des Vosges. L'un était M. l'abbé Vielle, curé d'Arc et Senans (Doubs), l'autre M. l'abbé Maillet, curé d'Ornans, dans le Jura. Ils furent incarcérés et restèrent en prison pendant cinq jours. Leur situation n'était pas rassurante ; on entendait à leur sujet le mot « fusiller. » Nous étions très-préoccupés, très-inquiets. Qu'avaient fait ces malheureux prêtres ? On répétait dans le public, entre autres choses, que l'un d'eux aurait dit, notamment de quelques garibaldiens, qu'ils étaient des brigands ; on l'avait aussitôt arrêté. Je dois dire, du reste, que mes souvenirs à cet égard ne sont pas extrêmement précis.

M. Ulric Perrot. — Est-ce en entrant à Autun que ces prêtres avaient été arrêtés ?

M. Castillon. — Non, monsieur, ils y ont été transférés. Ils sont arrivés à Autun le 10 novembre ; c'est du moins la date à laquelle ils sont portés sur le registre d'écrou. Ils arrivèrent accompagnés par un grand cortége de curieux. Ce spectacle ameuta la population, et comme ces prêtres ne cachaient pas la cause de leur arrestation, nous étions fort préoccupés. Toujours est-il que leur affaire eut une solution plus heureuse que nous ne l'espérions. Je ne me souviens pas si ce fut de Tours ou de Garibaldi lui-même que l'ordre vint de remettre à la justice ordinaire le soin d'examiner leur affaire, mais ce que je sais, c'est qu'heureusement M. le juge d'instruction en fut saisi au bout de deux ou trois jours, et comme il ne trouva à reprocher à ces prêtres rien qui eût un caractère délictueux, ces messieurs furent relâchés.

Le second fait dont j'ai à vous parler est celui-ci : le jour même du pillage de l'évêché, un autre prêtre, — mais celui-ci est des environs, — le curé de Curgy, M. l'abbé Lacreuze, fut également amené à Autun de la même façon que les deux précédents. On l'accusait d'avoir refusé le logement aux garibaldiens, et il fut conduit en prison. Par bonheur pour M. le curé de Curgy, un frère à lui était un ancien transporté de 1851, qui alla trouver Garibaldi et lui demanda la grâce de son frère. Garibaldi le reçut assez affectueusement et lui répondit qu'à sa consideration on serait indulgent. Je me rappelle cette circonstance, car j'ai eu entre les mains une note signée de Garibaldi, et ainsi conçue : « Je remets à *la discrétion,* » ce sont ses propres expressions, « je remets à *la discrétion* de la justice M. le curé de Curgy qui a été arrêté à telle date. » M. l'abbé Lacreuze fut relâché presque aussitôt après. (T. IV, *dép. Castillon*, p. 80.)

Une de leurs plus belles actions durant la campagne fut, sans contredit, pour les garibaldiens, l'arrestation de M. Pinard, l'ancien ministre de l'intérieur.

Un fait considérable se place également à cette date du 5 janvier. Ce jour-là, au moment où une partie de la population se trouvait au cimetière, un lieutenant d'état-major de l'armée garibaldienne, Amadou, vint arrêter M. Pinard qui se trouvait au milieu des fidèles. On remarqua que dans la loge du concierge du cimetière se trouvait Bordone qui surveillait l'exécution de l'arrestation. La population fut très-émue de cette arrestation et on redoutait cette émotion, puisqu'on avait eu soin de tenir sous les armes trois ou quatre compagnies de l'armée garibaldienne.

M. Pinard fut mis en prison et le lendemain on le conduisit à Lyon. Il resta dix jours au secret. — On prétendait que M. Pinard était le distributeur d'un journal bonapartiste qui s'appelait *le Drapeau.*

Ordre avait été donné de saisir ce journal à la poste ; déjà nous en avions reçu au parquet 20 ou 30 exemplaires ; mais je dirai que M. Pinard ignorait même le titre de ce journal. Je dois ajouter qu'en rapprochant certains indices, certaines circonstances, on a cru à Autun, c'était l'écho d'un bruit général, que l'ordre d'arrestation devait venir de Bordone, et voici pourquoi :

Bordone était allé à Bordeaux. Pendant qu'il s'y trouvait, le colonel Gauckler reçut une dépêche chiffrée que j'ai vue et il me dit : « Je ne sais ce que me veut Bordone, il m'envoie une dépêche chiffrée et on a emporté la clef, je ne puis la traduire. » Trois jours après, Bordone revint et on procéda à l'arrestation de M. Pinard. M. le substitut de la République vint à l'état-major demander pour quel motif on avait arrêté M. Pinard ; on lui répondit en lui montrant une dépêche. . . . .

. . . . M. Pinard s'est enrôlé dans la garde nationale comme simple garde et a fait preuve d'un dévouement au-dessus de tout éloge ; je l'ai vu monter la garde la nuit, bien que sa décoration l'exemptât de ce service. Jamais il ne parlait politique, et il n'y avait aucun motif pour l'arrêter. (T. IV, *dép. Castillon*, p 87.)

Il paraît que l'honneur de l'initiative de ce joli coup revient à M. le sous-préfet d'Autun. Nous regrettons d'ignorer le nom de ce fonctionnaire rouge qui, nous voulons le croire, a été balayé à l'avénement des orléanistes en la personne de M. de Broglie. Il ne nous déplaît pas de voir nos ennemis nous déblayer la voie.

M. LE PRÉSIDENT. — Vous savez sans doute comment on a arrêté M. Pinard ?

M. Debuschère. — M. Pinard a été arrêté un jour, sous prétexte qu'il était bonapartiste. M. Pinard a montré beaucoup de patriotisme ; il était dans les rangs comme simple soldat ; il passait son temps à travailler, et il n'y avait rien à reprocher à sa conduite Sous prétexte qu'il soutenait la cause bonapartiste, il a été arrêté par les ordres du général Bordone, qui, du reste, en a télégraphié au Gouvernement.

M. le Président. — Qu'a fait le Gouvernement?

M. Debuschère. — L'initiative est venue de l'autorité locale. Le sous-préfet n'aimait pas M. Pinard. (T. IV, *dép. Debuschère*, p. 99.)

Displicuit mihi nasus tuus. On avait le malheur de n'être pas aimé par un sous-préfet de MM. Fourichon, Gambetta et Cie, et il n'en fallait pas davantage pour motiver une arrestation.

C'est ainsi que le repris de justice Bordone n'aimait pas M. Chenet, honnête homme égaré dans cette armée de bandits, et il le fit condamner à la peine de mort, peine qui fut commuée en celle des travaux forcés.

M. Chenet. — ... Le général Renaud, tous les généraux qui, à cette époque, étaient à Bordeaux et que j'avais connus, se sont intéressés à moi. Enfin, il est arrivé que, sur une injonction formelle de M. Thiers à M. Crémieux, M. Crémieux a envoyé mon affaire en cassation. Eh bien ! messieurs, la Cour de cassation a cassé la décision sur tous les points et l'a traitée de monstruosité judiciaire.

M. Delsol. — Pouvez-vous nous montrer l'arrêt de la Cour de cassation ?

M. Chenet. — Parfaitement ; je le laisse à la Commission avec les autres pièces.

M. Chaper. — Il faut qu'il soit publié !

M. Chenet. — Je le publierai ; si quelqu'un se trouve offensé, il trouvera le *lâche* Chenet pour lui répondre. Mais je ne me bats pas avec Bordone : il appartient à la justice, non pas à une honnête épée. (T. IV, *dép. Chenet*, p. 113.)

Nous avons déjà dit que les garibaldiens ont fait preuve d'une couardise toute républicaine : le héros de Caprera leur donnait l'exemple de la prudence.

M. Darcy. — Messieurs, dans le pays, on croit en effet que Garibaldi se... comment dirai-je ?... se ménageait beaucoup. Il ne recherchait pas les affaires avec les Prussiens, c'est évident, cela ressort même de sa conduite. Il avait une légende politique et militaire à conserver intacte ; il comptait médiocrement sur ses troupes ; l'armée prussienne était plus redoutable que les soldats napolitains ; il est naturel qu'il ait préféré s'en tenir à quelques rencontres de patrouilles (1). (T. IV, *dép. Darcy*, p. 106.)

(1) J'ai sous les yeux une lettre écrite par le maire d'une des plus importantes localités traversées par Ricciotti dans l'itinéraire que j'ai indiqué plus haut, et dans laquelle, rendant compte du départ précipité des garibaldiens, il ajoute : « Décidément, on doit croire qu'ils

D'ailleurs, ces malandrins leur disaient avec effronterie : *ils se moquaient pas mal de la France !*

M. Debuschère. — . . . . Ils s'en allaient avec leurs munitions. Des soldats avaient été arrêtés pour vols, et j'ai été étonné de trouver leurs gibernes pleines de cartouches.

Les soldats italiens, ainsi que les officiers, après l'armistice, insultaient tout le monde. Ils disaient : « *Vous croyez que nous sommes venus nous battre pour la France ! Non, nous sommes venus nous battre pour la République universelle. Nous nous moquons pas mal de la France.* » Ils le disaient même en termes beaucoup plus énergiques.

M. le Président. — Vous avez entendu ces paroles?

M. Debuschère. — Je les ai entendues mille fois.

M. Henri Vinay. — Garibaldi l a dit en propres termes : « Nous nous battons pour la République universelle. » (T. IV, *dép. Debuschère*, p. 100.)

ont pour unique mission de convoyer les Prussiens, mais sans jamais les attaquer. »

Un autre maire, le maire d'Etalante, osait interpeller les garibaldiens de Ricciotti, en disant : « Pourquoi nous quittez-vous, quand les Prussiens arrivent ? » (*Note du déposant.*)

CONCLUSION

En terminant son rapport, M. le comte Daru ne peut s'empêcher de condamner les hommes du 4 septembre, qui, au jugement des Prussiens eux-mêmes, moralistes peu scrupuleux cependant, s'étaient mis en dehors des lois divines et humaines. Mais l'honorable rapporteur s'acquitte de cette tâche avec une mollesse toute parlementaire.

On comprend la raison de cette tiédeur à qualifier le plus lâche des attentats.

Pour bien faire ressortir l'énormité du crime commis le 4 septembre par le général Trochu et par ses complices, en renversant devant l'ennemi le gouvernement que la nation tout entière venait d'acclamer, il eût fallu mettre en parallèle ce gouvernement et celui de MM. Trochu, Jules Favre et Compagnie.

Il eût fallu montrer Napoléon III arrachant la France à la révolution, qui, en juin 1848, avait préludé avec un sinistre éclat aux horreurs du 18 mars 1871.

Il eût fallu proclamer la gloire militaire du règne impérial et avouer que les malheurs de la dernière guerre n'avaient pas effacé les triomphes de Crimée, d'Italie, de l'extrême Orient et du Mexique, n'en déplaise aux républicains antipatriotes qui n'ont pu, avec toutes leurs calomnies, salir cette grande page de notre histoire.

Enfin, il eût fallu constater que sous Napoléon III, la France jouissait d'une prospérité qu'elle n'avait jamais connue et dont elle est aujourd'hui si tristement déchue par la faute des républicains, tandis que son prestige reconquis en Europe faisait oublier les abaissements et les hontes du règne de Louis-Philippe.

L'orléanisme de M. le comte Daru a gêné son équité, et l'a empêché de rendre justice au souverain dont il avait eu l'honneur d'être ministre, dans un moment où l'on croyait avoir désarmé les haines des anciens partis. Il a donc évité une comparaison écrasante pour les hommes du 4 septembre, et qui eût éclairé d'une vive lumière l'œuvre destructrice accomplie par eux.

Il n'a infligé qu'un blâme mitigé à des actes qui méritaient une flétrissure, et le philintisme du politique attardé dans ses regrets et endurci dans ses illusions, n'a pas laissé éclater avec une vigueur suffisante la légitime indignation du citoyen.

M. Daru semble se complaire dans un optimisme décevant, et il ne doute pas que la meilleure des assemblées ne soit appelée à nous gratifier du meilleur des gouvernements. Voici les dernières lignes de son *Rapport sur les actes du Gouvernement de la Défense nationale* :

Quand notre pays ne sera plus aux mains des étrangers, nous essayerons de donner à la France un état politique qui la mette à l'abri de révolutions nouvelles. Tant qu'elle ne s'appartient pas, de pareils débats pourraient être dangereux.

Quelle joie et quel honneur pour nous, messieurs, s'il nous était réservé de remédier aux maux qui nous affligent, aux divisions qui ont été le principal obstacle à notre grandeur et à la conservation de la paix sociale depuis quatre-vingts ans ! Quelle joie et quel honneur pour nous, si nous pouvions résoudre le problème posé par nos pères il y a près d'un siècle ! Quelle noble entreprise, et comme elle est digne de vos efforts ! Si vous parvenez, messieurs, par votre sagesse et votre fermeté, à la mener à bonne fin, si vous pouvez aller jusqu'au terme de la route difficile qui vous reste à parcourir, vous aurez marqué dans l'histoire de notre pays

et de notre temps une date qui sera consacrée par l'adhésion reconnaissante des générations qui suivront la
nôtre.

12 *janvier* 1872.

Deux ans et demi se sont écoulés depuis que ces
lignes ont été écrites. Les collègues et amis de
l'honorable M. Daru ont tenté de remplir le
programme qu'il leur traçait en janvier 1872. Ils
ont à plusieurs reprises essayé « *de donner à la
France un état politique qui la mette à l'abri de
révolutions nouvelles.* » Mais il paraît qu'ils n'ont
pu se mettre d'accord sur le choix de cet état
politique duquel M. Daru se promettait tant de
bienfaits. En deux ans et demi, ils n'ont laissé
échapper aucune occasion de nous bien prouver
qu'il ne leur était pas réservé « *de remédier aux
maux qui nous affligent;* » il n'y a pas d'apparence qu'ils puissent « *résoudre le problème posé
par nos pères il y a près d'un siècle,* » et nous leur
souhaitons, sans l'espérer pour eux, « *l'adhésion reconnaissante des générations qui suivront la nôtre.* »

On le voit, M. Daru, comme tant d'autres d'ailleurs, n'est pas prophète en son pays. Cet adver-
saire obstiné du suffrage universel (1) méconnaît

---

(1) M. Daru s'est retiré du ministère en 1870, avec son collègue,
M. Buffet, désapprouvant le plébiscite qui devait donner à l'Empire
sept millions et demi de suffrages.

les droits et la puissance de la volonté nationale. Il en est resté aux données de la révolution de 1830, misérable attentat d'une fraction de la bourgeoisie égoïste et rapace, qui a appelé la démagogie à la rescousse et l'a dupée ensuite.

Pour M. le comte Daru, une assemblée qui de sa propre autorité s'est attribué le pouvoir constituant qui lui est dénié dans son sein même par une importante minorité, doit nous choisir le gouvernement définitif qui lui conviendra. Selon des hasards de majorité que M. Daru, d'ailleurs, ne s'est même pas mis en peine de prévoir, ce sera la monarchie de droit divin avec M. le comte de Chambord, la monarchie censitaire avec la postérité de Philippe-Égalité, voire la République, quoiqu'il ne la fasse pas entrer en ligne de compte. Quant à la nation, elle n'aura qu'à dire : *Amen!* ou plutôt elle n'aura rien à dire du tout, son consentement étant parfaitement superflu.

Mais combien, par bonheur, le rêve est différent de la réalité, et qu'il y a loin de la coupe aux lèvres! Nous avons vu se dérouler les plus coupables intrigues et nous les avons vues se neutraliser elles-mêmes les unes par les autres; nous avons assisté aux entreprises les plus audacieuses, et toutes ont échoué piteusement sous nos yeux. Nous subissons de ceux qui détiennent le pouvoir les plus injustes persécutions; on s'arme contre nos journaux de toutes les rigueurs de l'état de siége, on prétend nous exclure de la trêve des partis, et, ce qui provoque l'étonnement et la colère de nos ennemis, nous demeurons imperturbables dans nos espérances.

Nous savons que la France regrette l'Empire; nous savons qu'elle a horreur de la monarchie de droit divin autant que de la république, et que la royauté hybride que lui font entrevoir les princes d'Orléans n'a rien qui la puisse charmer. Nos ennemis le savent aussi bien que nous, et voilà la cause de cette haine acharnée contre le suffrage universel, voilà l'explication des systèmes extravagants mis au jour par de prétendus docteurs et qui ne tendent qu'à le fausser ou à le mutiler.

Les grandes vérités politiques étant d'un ordre moins essentiel que les grandes vérités morales, sont plus lentes à se dégager pour arriver jusqu'aux immuables sanctuaires de la conscience humaine, où elles demeurent à jamais à l'abri de toute contestation et de toute atteinte. Mais ce n'est qu'une question de temps. La pratique du suffrage universel et sa conséquence directe, le règlement par l'appel au peuple des questions constitutionnelles, comptent parmi ces vérités fondamentales.

Ce qu'on appelle le régime plébiscitaire est maintenant trop profondément entré dans nos mœurs pour qu'on puisse l'en arracher. Le meilleur argument que les adversaires du suffrage universel aient pu encore alléguer contre lui, c'est que l'appel au peuple ramènerait infailliblement l'Empire. Ils refusent à la volonté nationale le droit de se manifester librement, parce que l'exercice de ce droit irait contre leurs intérêts, ou contre leurs prédilections, et qu'ils n'en pourraient attendre la ratification d'aucun des régimes qu'ils méditent d'imposer à la France.

Cette compression systématique de la volonté nationale ne peut être que passagère. Quelques années ne sont rien dans la vie d'un peuple, elles sont peu de chose dans la vie d'un prince qui a sur M. le comte de Chambord, sur M. le duc d'Aumale et sur M. le comte de Paris l'avantage d'être né un nombre respectable d'années après eux. Donc, en ce moment, ce n'est pas à la volonté de la nation que nous faisons appel, c'est à sa patience : il est juste qu'elle subisse les conséquences du crime qu'elle a laissé commettre; l'impatience siérait mal au peuple qui a toléré pendant six mois qu'une poignée d'usurpateurs disposât follement de son sang et de son argent.

Il importe avant tout que cette immense majorité de Français, qui forme le parti bonapartiste, continue devant nos ennemis exaspérés à donner l'exemple du plus absolu attachement aux principes et aux intérêts conservateurs, et du respect le plus scrupuleux de la légalité.

Quelle est la durée de la crise actuelle? A quelle date doit-on fixer le terme de la rude épreuve imposée à la patience du pays? C'est ce qu'il est difficile de préciser, mais tout porte à croire que ce terme n'est pas éloigné. Une situation anormale engendre forcément des circonstances exceptionnelles, et si durables et si solides que soient les châteaux de cartes à l'édification laborieuse desquels on nous fait assister, nous n'y voyons pas de quoi retarder bien longtemps l'unique, l'inévitable solution : l'appel au peuple avec ses conséquences prévues. Pendant ce temps, le Prince impérial se prépare à ses hautes destinées, et à l'heure marquée, la France trouvera en lui le digne héritier de Napoléon III.

Mai 1874.

TABLE ANALYTIQUE

DES MATIÈRES

15..

FIN

Paris. — Imprimerie Parisienne, J. SOUBIE, imp. Bonne-Nouvelle, 5.

A LA MÊME LIBRAIRIE

Œuvres posthumes de **Napoléon III** (nouvelle édition). . . . 7 50

Le 16 Mars à Chislehurst, avec les noms des personnes présentes à Cambden-Place, par M. Granier de Cassagnac, ancien Député au Corps législatif. 1 50

Empire et Royauté, par Paul de Cassagnac. . . . . 1 »

Une Sœur de Charité (l'Impératrice Eugénie), avec beau portrait, photographie d'Appert, par Evariste Bavoux, ancien conseiller d'État. 1 50

Le Quatrième Napoléon (avec portrait, par Léonce Dupont). 3 »

Le Lendemain de l'Empire, par A. Vitu. . . . . 3 »

Le Légalité rouge, par Clément Duvernois. . . . . 1 »

La Catéchisme impérial, par Edouard Boinvilliers. . . . . » 50

L'Appel au Peuple, par Edouard Boinvilliers. . . . . . . » 50

Le Septennat, par Edouard Boinvilliers . . . . » 50

On demande un Dictateur, par Jules Amigues . . . . . . 1 »

Comment l'Empire reviendra, par Jules Amigues. . . . . 1 »

Discours au Roy, par Jules Amigues . . . . » 50

L'Abeille, Almanach rural 1874 . . . . » 50

Journal d'un Parisien pendant la Commune, par Eugène Loudun (2 vol.). . . . . 6 »

Le Bonapartisme (4e dynastie), par Alfred d'Almbert . . . . 1 »

Le Journal de Chislehurst (Funérailles de l'Empereur), par F. Aubert . . . . 1 »

Les Vacances du quatrième Napoléon à Arenemberg, par Evariste Bavoux. . . . . 1 »

Les Grenouilles qui demandent une République, par G. Bourdier. 1

Le Travail (Étude philosophique, morale et politique), par le docteur C. Boillet. . . . . 1 »

L'Impératrice et l'Enquête sur le 4 Septembre. . . . . . . » 25

Le Retour de l'île d'Elbe . . . . 1 »

Empire ou République, par Gustave Putod . . . . 1 »

La Fusion et l'Appel au Peuple . . . . 1 »

PHOTOGRAPHIES

	CARTE ALBUM	CARTE DE VISITE
Groupe de la Famille impériale.	1 50	» 75
S. M. l'Empereur Napoléon III	1 50	» 75
S. M. l'Impératrice en deuil.	1 50	» 75
S. A. le Prince impérial	1 50	» 75
Tombeau de l'Empereur	1 50	» 75
Chapelle Sainte-Marie de Chislehurst	1 50	» 75
Cambden-House (Chislehurst)	1 50	» 75

Imprimerie Parisienne. J. Soupe. impasse Bonne-Nouvelle, 5.